뇌박사 박주홍의 두뇌운동 365

7대 천왕, 찾기 대작전

9세부터 99세까지 뇌를 건강하게 하는
두뇌 개발 프로그램

뇌박사 박주홍의 두뇌운동 365

7대 천왕, 찾기 대작전

2020년 11월 18일 초판 1쇄 발행
2023년 1월 3일 초판 2쇄 발행

지은이 박주홍
펴낸이 조시현
기획·진행 북케어(icaros2999@gmail.com)
디자인 정유정
일러스트 김가영

펴낸 곳 도서출판 일월일일
출판등록 2013. 3. 25(제2013-000088호)
주소 04019 서울시 마포구 동교로8안길 14, 미도맨션 4동 301호
대표전화 02) 335-5307 **팩스** 02) 3142-2559
전자우편 publish1111@naver.com
인스타그램 @0101book_

ISBN 979-11-90611-06-0 13690

뇌박사 박주홍의 두뇌운동 3⟨6⟩5

한의학박사·의학박사·보건학석사 박주홍 지음

7대 천왕, 찾기 대작전

일월일일

두뇌연구소에 오신 것을 환영합니다.

뇌 건강은 나이를 먹을수록 더 중요합니다. 특히 중년 이후 건강하게 생활하면 치매에 걸릴 위험이 크게 줄어든다는 사실이 과학적으로 입증되었습니다. 그런데 요즈음은 청소년이나 젊은 사람들도 갈수록 디지털 기기에 더 많이 의존함으로써 기억력과 계산 능력이 퇴화하는 디지털 치매와 잦은 음주로 인한 블랙아웃으로 알코올성 치매를 겪는 경우가 많습니다.

뇌가 건강하려면 감정의 뇌라 할 수 있는 '마음'과 뇌를 지탱해 주는 '몸'이 균형을 이루어야 합니다. 마음이 무너지면 몸이 망가지고, 몸 상태가 좋지 않으면 뇌도 당연히 건강할 수 없습니다.

매일 꾸준히 운동을 하면 근육이 발달하는 것처럼 뇌도 날마다 즐겁고 재미있게 자극해주면 건강하게 단련됩니다. 그래서 두뇌를 단련하여 불안과 우울감을 해소하고 스트레스까지 한방에 날려버릴 수 있도록 다양한 프로그램을 제공하려고 합니다.

스도쿠, 미로 찾기, 틀린 그림 찾기, 낱말 퀴즈와 같이 한 가지 주제만 다루면, 뇌가 단련되기도 전에 지루해져 책을 끝까지 활용하지 못하고 중도에 포기하는 경우가 많습니다. 이런 단점을 보완하고자 ≪뇌박사 박주홍의 두뇌운동 365≫ 시리즈에서는 미로 찾기, 틀린 그림 찾기 등과 같은 문제들뿐만 아니라 글자, 모양, 숫자, 그림을 이용한 다양한 프로그램은 물론 일상에서 만나는 생활형 문제까지 모두 재구성해서 담았습니다.

특히 이 책 〈7대 천황, 찾기 대작전〉에서는 '찾기'라는 주제를 가지고 7가지로 꾸며 보았습니다. 우리에게 너무나 친숙한 미로 찾기는 물론 틀린 그림 찾기, 다른 그림 찾기, 눈을 크게 뜨고 찾기, 같은 모양 찾기, 같은 짝 찾기, 다른 글자 & 숫자 찾기 등입니다.

매일 다른 문제를 풀면서 색다른 즐거움으로 사고력과 창의력을 길러 보세요. 뇌의 각 부위가 골고루 활성화되어 집중력이 향상되고 정서가 안정됩니다. 이런 과정을 통해 우리의 생각, 판단, 운동, 감각 등을 담당하는 뇌가 건강해져 더욱 활발하게 움직입니다.

요즘 심각한 건망증으로 '자주 깜빡깜빡하는데, 나도 치매인가?'라는 의심을 품어본 사람이 많을 것입니다.

'IT 건망증'으로도 불리는 디지털 치매(digital dementia)는 무의식중에 스마트폰이나 컴퓨터 같은 디지털 기기에 의존한 나머지 집중력과 학습 능력이 떨어지고 계산 능력과 기억력이 감퇴하는 현상을 말합니다. 디지털 치매가 생활에 심각한 위협이 따를 만큼 위험도가 높지는 않지만, 스트레스를 유발하며 공황장애나 정서장애와 같은 뇌 질환으로 이어질 수 있습니다. 이때 계산이나 암기, 퍼즐 활동을 하면 디지털 치매를 예방하고 완화하는 데 적잖은 도움이 됩니다.

소중한 뇌를 잘 돌보고 지키려면 뇌세포들의 연결성을 강화해 주어야 합니다. 이 책에 나와 있는 프로그램을 활용하여 매일 꾸준히 하다 보면 세포들의 연결성이 좋아집니다.

부디 여러분은 뇌가 노화되지 않도록 하루 30분 즐거운 뇌 운동으로 100세까지 활력 넘치는 인생을 유지하시기 바랍니다.

건강하게 사는 행복한 세상을 바라며

한의학박사 · 의학박사 · 보건학석사 **박주홍**

목차

뇌의 구조와 역할을 알아봅시다!

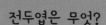

전두엽은 무엇?

머리 앞부분 즉, 이마 부위를 중심으로 한
대뇌의 껍질 부분을 말합니다.
주로 어떤 일을 계획하고, 적절하게 실행하고,
또 너무 지나치지 않도록 제어하는 일을 합니다.
의욕, 동기, 방법, 판단력, 융통성,
자제력 등을 실행하는 부분입니다.

측두엽은 무엇?

우리가 보통 '관자놀이'라고 부르는 부위입니다.
뇌의 양 측면 피질을 말하는데,
이 부분은 치매의 이해에 중요한 곳입니다.
기억력이 떨어지고 언어 표현과 이해 능력이
떨어져 가는 원인을 제공하는 곳이기 때문입니다.
측두엽 부위의 신경세포가 죽어서 없어지는 것 때문에
알츠하이머병의 증상이 생겨납니다.
기억력, 학습 능력, 언어 능력 등을 담당합니다.

두정엽은 무엇?

머리(頭)의 정수리(頂) 부분이라는 뜻을
가지고 있습니다.
공간을 파악하는 능력을 갖추고 있습니다.
낯선 장소에서의 방향을 파악하거나,
아날로그 시계의 바늘 위치로
몇 시 몇 분인지를 바로 파악할 수 있는 것은
두정엽이 작용하기 때문입니다.

후두엽은 무엇?

뒤통수 부분에 해당하는 피질 부위를 말합니다.
주로 시각적인 내용을 파악합니다.
사물을 보고 주변의 물건들을 파악하는 것은
이곳의 기능이 온전하므로
가능한 것입니다.

변연계와 해마는 무엇?

둘레, 또는 가장자리를 의미하는 변연계(limbic system)는
대뇌피질과 시상하부 사이에 있습니다.
주로 후각, 감정, 행동, 욕망 등의 조절에 관여하고 있습니다.
변연계의 한 가운데를 차지하고 있는 해마는 특히 장기기억,
공간개념, 감정적인 행동을 조절하는 곳으로 알려져 있습니다.
안타깝게도 해마는 알츠하이머병에 의해 점진적으로
위축이 진행되는 것으로 알려져 있습니다.

뇌를 골고루 사용합시다!

뇌는 우리의 생각, 판단, 운동, 감각 등을 담당하는 매우 중요한 기관입니다. 보통 성인의 뇌 무게는 약 1,400~1,600g 정도입니다. 약 1,000억 개 정도의 신경세포가 밀집된 신경 덩어리로, 일반적으로 전체 몸무게의 약 2% 정도에 불과하지만, 우리 몸 전체 에너지의 20%에 가까운 양을 사용하는 기관입니다.

뇌는 신경세포와 신경교세포(glial cell)라고 하는 두 종류의 세포들이 모여 있는 덩어리입니다. 이 중에서 신경세포가 주로 신체활동과 정신활동을 담당합니다. 신경세포의 몸체는 주로 뇌의 겉껍질 부분에 모여 있어서 이 부분을 피질(cortex) 혹은 회백질(gray matter)이라고 부릅니다. 반면 신경세포의 몸체에서 뻗어 나온 가지들은 신경섬유 다발을 이루고 있는데, 색깔이 희고 윤기를 띠고 있어서 백질(white matter)이라고 합니다.

뇌 건강을 지키기 위해서는 앞쪽(전두엽), 위쪽(두정엽), 측면(측두엽), 뒤쪽(후두엽)을 골고루 사용하는 것이 좋습니다. 팔만 튼튼하다고 해서 온몸이 건강하다고 할 수 없듯이 뇌도 마찬가지로 어느 한 부분만 사용해서는 건강을 유지할 수 없습니다.

위치별로 뇌가 하는 일이 다르므로 쓰는 부분만 쓰고 쓰지 않는 부분은 계속해서 사용하지 않는다면 반드시 문제가 생깁니다. 그러므로 적극적으로 골고루 써야 합니다. 또 좌뇌와 우뇌를 의식하면서 양쪽 모두 균형 있게 사용하는 노력이 필요합니다.

좌뇌	우뇌
신체의 오른쪽을 조절한다. 분석적, 논리적, 이성적, 객관적, 계획적, 청각적 기억, 시간 개념, 안전, 추론, 수리, 과학 쪽을 담당!	신체의 왼쪽을 조절한다. 통합적, 창의적, 감성적, 주관적, 즉흥적, 시각적 기억, 공간 개념, 모험, 직관, 예술 쪽을 담당!

오른손잡이인 사람들은 좌뇌 성향이 강하므로 우뇌를 활용하는 일을 틈틈이 할 필요가 있습니다. 마찬가지로 왼손잡이는 좌뇌를 활용해야 합니다. 운동이나 새로운 일에 대한 도전 등 뇌에 유익한 활동을 하면 누구나 효율적인 뇌를 가질 수 있다고 합니다.

대뇌피질은 컴퓨터의 하드디스크 본체와 같은 기억의 저장장치입니다. 손, 발 그리고 입과 혀, 눈의 자극이 그대로 뇌로 전달됩니다.

따라서 적절한 자극을 꾸준히 주어야 합니다. 이렇게 함으로써 대뇌피질의 두께가 얇아지지 않고 기억력이 유지되며 치매 예방도 가능해집니다.

지금이라도 부지런히 뇌를 전후좌우로 골고루 사용하는 습관을 들인다면 건강한 삶을 유지할 수 있으며, 자연히 치매도 저절로 멀어질 것입니다.

열심히 걷고, 열심히 보고, 열심히 생각하고, 열심히 노력해서 우리 모두 100세까지 건강하고 행복하게 삽시다!

숨 쉬는 건강한 뇌를 만드는
3·3·3 통합 치료 프로그램을 소개합니다.

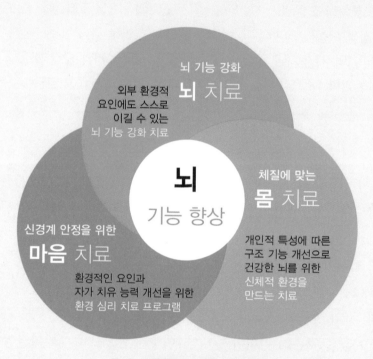

뇌 기능 강화
뇌 치료

외부 환경적
요인에도 스스로
이길 수 있는
뇌 기능 강화 치료

뇌
기능 향상

체질에 맞는
몸 치료

신경계 안정을 위한
마음 치료

개인적 특성에 따른
구조 기능 개선으로
건강한 뇌를 위한
신체적 환경을
만드는 치료

환경적인 요인과
자가 치유 능력 개선을 위한
환경 심리 치료 프로그램

3·3·3 통합 치료 프로그램 목표

뇌, 마음, 몸!
이 세 가지는 동시적 치료가 이루어져야 악순환의 고리를 끊을 수 있습니다.
육체와 정신을 서로 분리해서 생각할 수 없듯이, 뇌와 마음과 육체는 서로 분
리될 수 없습니다. 환경적인 요소로 몸의 균형이 무너지고, 다시 이 불균형은
뇌 기능에 영향을 주는 악순환이 반복됩니다. 따라서 인지 능력을 개선하기 위
해서는 이런 반복적인 사슬을 끊고 뇌와 마음 그리고 몸의 동시적 치료가 이루
어져야 합니다.

"동시적 통합 치료가 필요한 이유"

건강한 뇌를 이루기 위해서는 신체적인 뇌 기능 문제뿐만 아니라,
정신적인 뇌와 몸의 균형까지 바라보아야 완전한 뇌 건강을 이룰 수 있습니다.

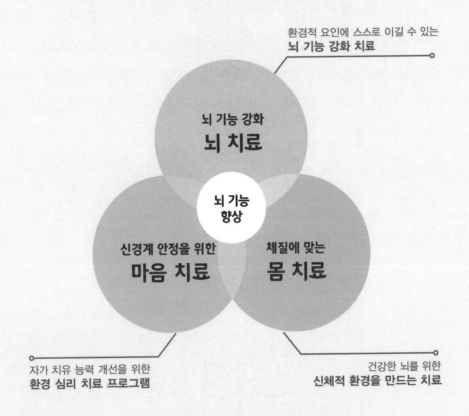

환경적 요인에 스스로 이길 수 있는
뇌 기능 강화 치료

뇌 기능 강화
뇌 치료

뇌 기능
향상

신경계 안정을 위한
마음 치료

체질에 맞는
몸 치료

자가 치유 능력 개선을 위한
환경 심리 치료 프로그램

건강한 뇌를 위한
신체적 환경을 만드는 치료

뇌, 마음, 몸의 악순환 고리를 끊는 치료

신체적인 뇌 기능의 문제가 정신적인 뇌 기능(마음)에 문제를 일으키고, 다시
몸의 균형을 해치는 등의 서로 물고 있는 악순환의 연결 고리를 끊기 위한 동
시적 통합 치료가 반드시 필요합니다.

동시적 통합 치료를 위한 3 · 3 · 3 통합 치료 프로그램

동시적 통합 치료는 뇌, 마음, 몸의 3가지를 동시에 치료하는 것을 기본으로 하고 있습니다. 이는 인지 개선을 위한 3가지 요소(뇌에는 휴식을 주고, 지친 마음은 풀어 주며, 몸에 힘을 보충)의 3단계에 걸친 치료 프로그램을 의미합니다. 의학적인 치료와 더불어 이상적인 건강한 뇌를 만들기 위해 하버드 명상 치료 및 개인의 식생활, 습관, 운동법 관리 등 자가 치유 능력 향상까지 고려한 꼼꼼한 치료를 시행합니다.

단계별 목표와 변화

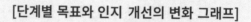

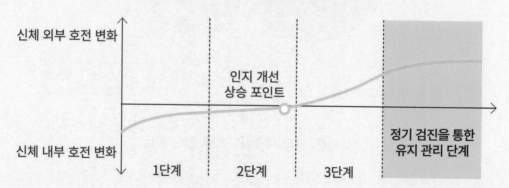

[단계별 목표와 인지 개선의 변화 그래프]

균형

1단계 : 체질 개선 – 뇌 건강을 위한 신체 환경을 만들어 주는 단계
치매가 발병하는 신체적인 원인과 잘못된 생활 습관을 찾고, 그 원인을 개선하는 단계입니다. 흐트러진 몸의 균형을 잡아 주어 건강한 뇌를 위한 신체 환경을 만들어 줍니다.

풀음

2단계 : 전신 해독 – 몸의 균형과 신경계 기능이 돌아오는 단계
몸의 기운 순환을 통해 몸 속 노폐물과 독소 등을 배출하는 단계로, 몸의 균형과 신경계의 기능이 점차 돌아오면서 면역력도 향상이 되는 터닝 포인트입니다.

보충

3단계 : 면역 증강 – 정신 면역력 강화 및 유지 발전
신체 면역력과 정신 면역력이 강화되어 외부 환경에 의한 스트레스 등을 스스로 이겨낼 수 있는 힘을 가지게 되는 단계입니다. 원기 보충과 지속적인 균형 치료로 건강한 뇌를 유지할 수 있도록 강한 신체 환경을 만듭니다.

3가지 통합 치료, 3단계에 걸친 인지 개선 치료를 통해 뇌와 몸과 마음이 모두 건강해집니다.

미로 찾기

개미들이 맛있는 과자와 사탕을 찾아서 길을 떠났는데, 복잡한 미로가 앞에 있습니다. 개미들이 길을 잘 선택해서 무사히 도착지까지 갈 수 있도록 도와주세요. 어, 길이 막혔나요? 걱정하지 마세요. 다시 천천히 길을 찾아보세요. 그럼 출발!

미로 찾기

나비가 꽃을 찾아서 길을 떠납니다. 아름다운 꽃을 찾으려고 나섰는데, 복잡한 미로가 보입니다. 나비가 길을 잘 선택해서 무사히 도착지까지 갈 수 있도록 도와주세요. 어, 길이 막혔나요? 걱정하지 마세요. 다시 천천히 길을 찾아보세요. 그럼 출발!

미로 찾기

거미가 자신이 쳐둔 거미줄을 찾다가 복잡한 미로 앞에 도착했습니다. 거미가 길을 잘 선택해서 무사히 도착지까지 갈 수 있도록 도와주세요. 어, 길이 막혔나요? 걱정하지 마세요. 다시 천천히 길을 찾아보세요. 그럼 출발!

미로 찾기

밤하늘에 빛나는 초승달이 별들을 찾아서 길을 떠납니다. 그런데 복
잡한 미로가 앞에 나타났습니다. 초승달이 길을 잘 선택해서 무사히
도착지까지 갈 수 있도록 도와주세요. 어, 길이 막혔나요? 걱정하지
마세요. 다시 천천히 길을 찾아보세요. 그럼 출발!

틀린 그림 찾기

틀린 그림 찾기는 누구나가 한 번 이상은 꼭 해 본 게임일 겁니다. 비슷한 그림이 위아래로 놓여 있습니다. 비교해 보면서 하나씩 틀린 그림을 찾아보세요. 틀린 곳은 모두 5곳입니다.

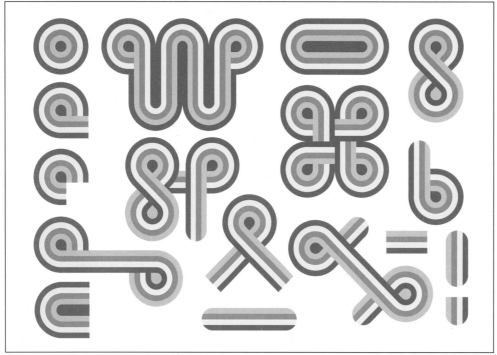

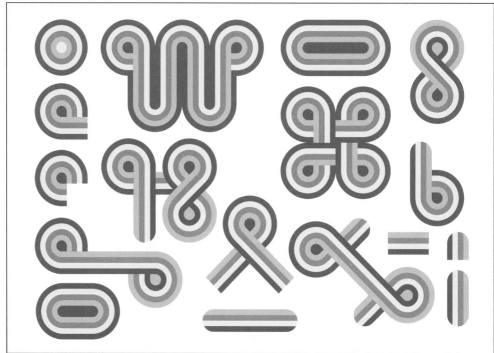

틀린 그림 찾기

틀린 그림 찾기는 누구나가 한 번 이상은 꼭 해 본 게임일 겁니다. 비슷한 그림이 위아래로 놓여 있습니다. 비교해 보면서 하나씩 틀린 그림을 찾아보세요. 틀린 곳은 모두 5곳입니다.

틀린 그림 찾기

월   일
집중력/비교
변화 파악

틀린 그림 찾기는 누구나가 한 번 이상은 꼭 해 본 게임일 겁니다. 비슷한 그림이 위아래로 놓여 있습니다. 비교해 보면서 하나씩 틀린 그림을 찾아보세요. 틀린 곳은 모두 5곳입니다.

틀린 그림 찾기

틀린 그림 찾기는 누구나가 한 번 이상은 꼭 해 본 게임일 겁니다. 비슷한 그림이 위아래로 놓여 있습니다. 비교해 보면서 하나씩 틀린 그림을 찾아보세요. 틀린 곳은 모두 5곳입니다.

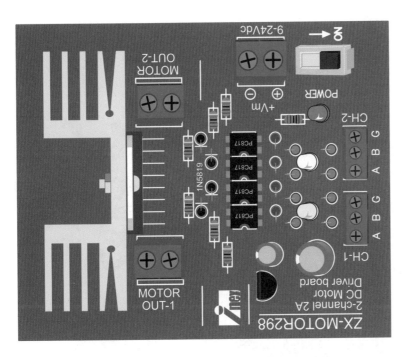

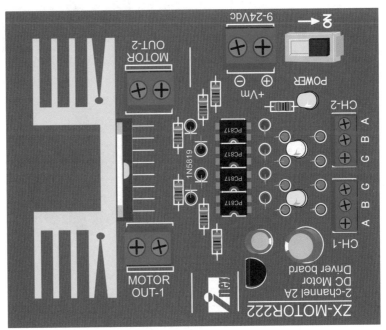

23

다른 그림 찾기

다 똑같은 그림 아닌가요? 정말 그렇게 생각하세요?
자세히 보면 딱 하나만 다른 모양이나 색깔을 가지고 있습니다. 빨리
찾으려다 보면 더 헷갈립니다. 천천히 잘 들여다보세요.

24

다른 그림 찾기

월 일

비교
주의 집중

다 똑같은 그림 아닌가요? 정말 그렇게 생각하세요?
자세히 보면 딱 하나만 다른 모양이나 색깔을 가지고 있습니다. 빨리
찾으려다 보면 더 헷갈립니다. 천천히 잘 들여다보세요.

다른 그림 찾기

다 똑같은 그림 아닌가요? 정말 그렇게 생각하세요?
자세히 보면 딱 하나만 다른 모양이나 색깔을 가지고 있습니다. 빨리
찾으려다 보면 더 헷갈립니다. 천천히 잘 들여다보세요.

다른 그림 찾기

다 똑같은 그림 아닌가요? 정말 그렇게 생각하세요?
자세히 보면 딱 하나만 다른 모양이나 색깔을 가지고 있습니다. 빨리
찾으려다 보면 더 헷갈립니다. 천천히 잘 들여다보세요.

27

눈을 크게 뜨고 찾기

다 똑같은 그림이라고요? 맞습니다. 딱 하나만 빼고요.
이렇게 많은 그림 중에서 단 하나의 다른 그림을 찾아보세요. 다른 모습을 하고 있는 공주는 어디에 있을까요?

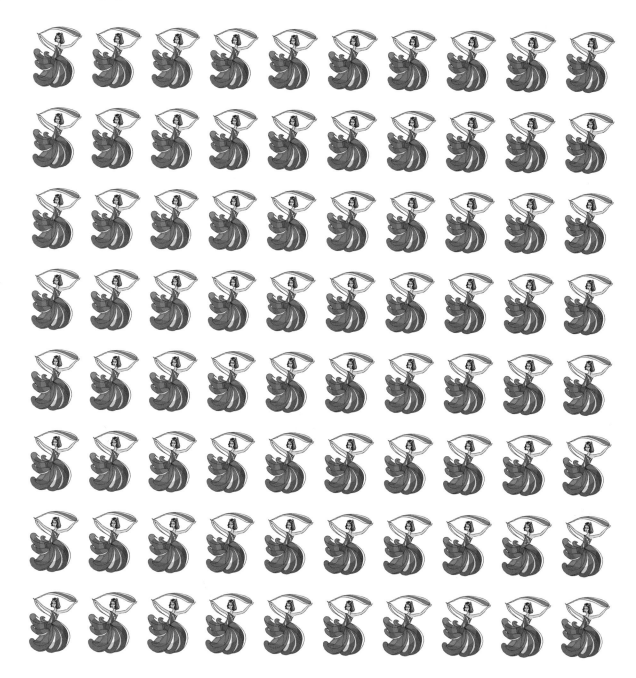

눈을 크게 뜨고 찾기

다 똑같은 그림이라고요? 맞습니다. 딱 하나만 빼고요.
이렇게 많은 그림 중에서 단 하나의 다른 그림을 찾아보세요. 다른 모
습을 하고 있는 펭귄은 어디에 있을까요?

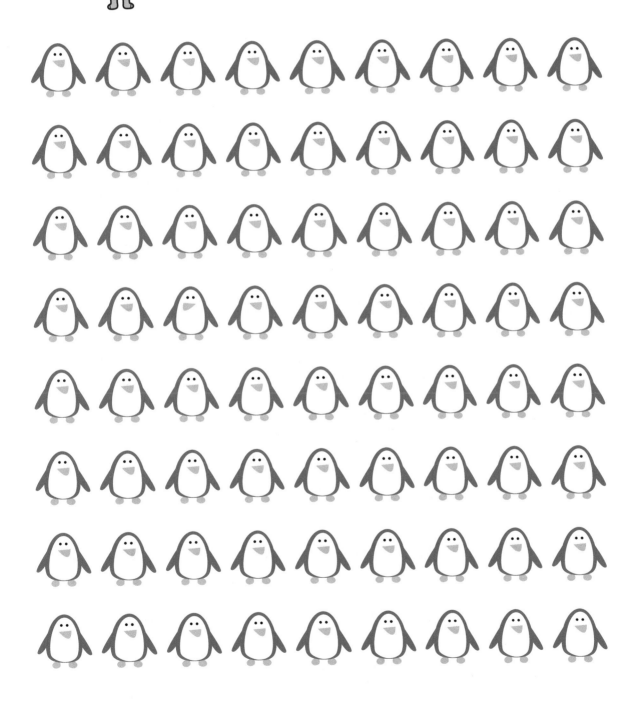

눈을 크게 뜨고 찾기

다 똑같은 그림이라고요? 맞습니다. 딱 하나만 빼고요. 이렇게 많은 그림 중에서 단 하나의 다른 그림을 찾아보세요. 다른 모습을 하고 있는 딱따구리는 어디에 있을까요?

눈을 크게 뜨고 찾기

다 똑같은 그림이라고요? 맞습니다. 딱 하나만 빼고요.
이렇게 많은 그림 중에서 단 하나의 다른 그림을 찾아보세요. 다른 모
습을 하고 있는 북극곰은 어디에 있을까요?

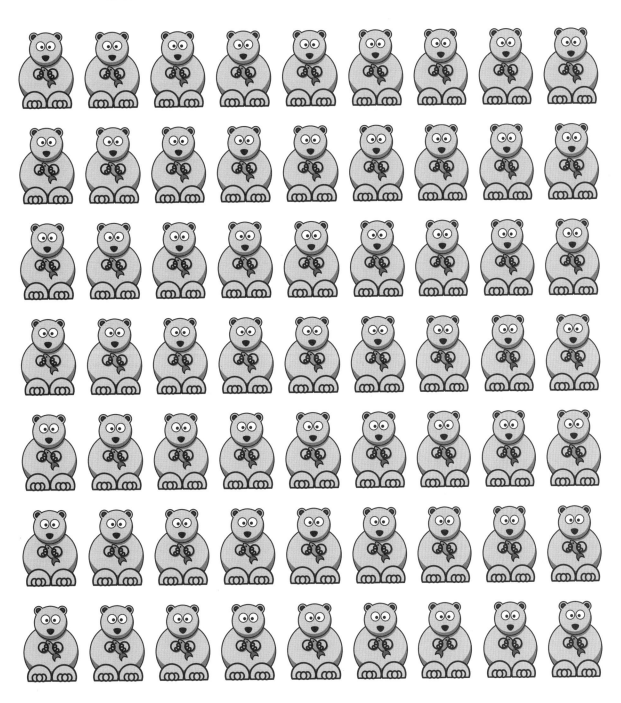

같은 모양 찾기

세상에는 비슷한 모양의 것들이 많습니다. 하지만 자세히 보면 조금씩 다르다는 것을 알 수 있습니다. 어떤 것이 진짜 예시의 모양과 같은지 찾아보세요.

예: A K I   정답   ,   ,   개

Å	Ä	S	I	X	A	X	I	Ä
K	I	A	X	S	S	K	A	K
A	X	Ä	Ä	Å	K	Ä	X	Å
I	S	Å	K	A	K	I	K	K
Ä	A	X	Å	I	K	X	I	A
Å	K	S	K	S	Ä	A	S	K
K	X	A	S	Ä	K	S	X	Å
K	A	Ä	X	Å	A	K	A	K
S	K	I	Ä	X	K	Ä	I	S

같은 모양 찾기

세상에는 비슷한 모양의 것들이 많습니다. 하지만 자세히 보면 조금씩 다르다는 것을 알 수 있습니다. 어떤 것이 진짜 예시의 모양과 같은지 찾아보세요.

예:

정답   ,   ,   개

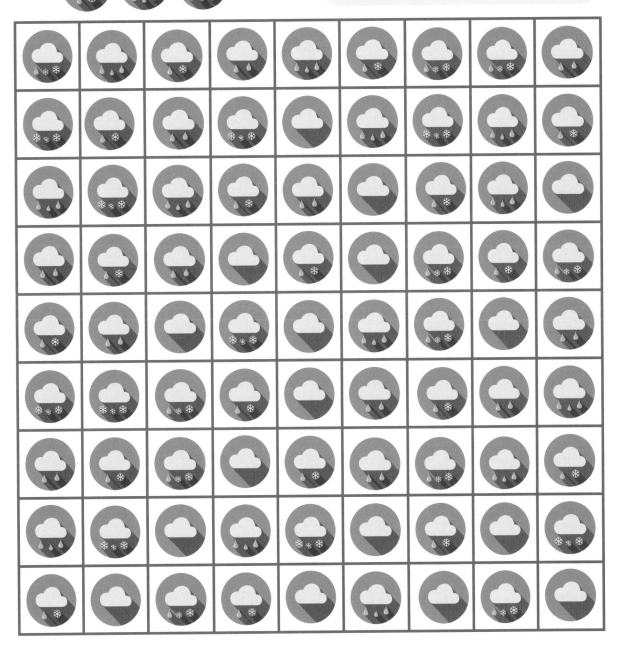

같은 모양 찾기

세상에는 비슷한 모양의 것들이 많습니다. 하지만 자세히 보면 조금씩 다르다는 것을 알 수 있습니다. 어떤 것이 진짜 예시의 모양과 같은지 찾아보세요.

예: 정답   ,   ,   개

같은 모양 찾기

세상에는 비슷한 모양의 것들이 많습니다. 하지만 자세히 보면 조금
씩 다르다는 것을 알 수 있습니다. 어떤 것이 진짜 예시의 모양과 같
은지 찾아보세요.

예: 정답   ,   ,   개

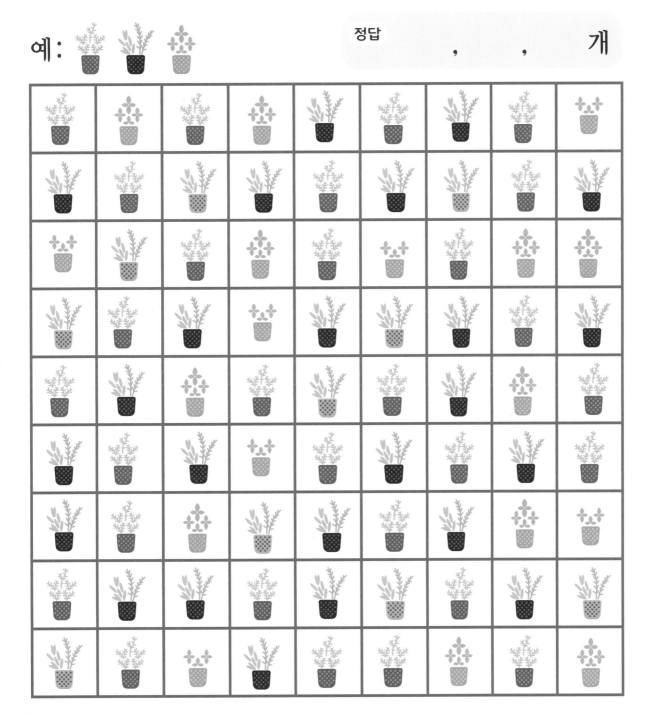

같은 짝 찾기

'쿵~ 하면 짝!' 해야 신나고 재미있겠지요? 그런데 이를 어째! 짝을 찾지 못한 쿵이 1개 있네요.
어떤 그림이 짝을 찾지 못하고 혼자인지 동그라미로 표시해 봅시다.

제6일 문제 ②

같은 짝 찾기

'쿵~ 하면 짝!' 해야 신나고 재미있겠지요? 그런데 이를 어째! 짝을 찾지 못한 쿵이 1개 있네요.
어떤 그림이 짝을 찾지 못하고 혼자인지 동그라미로 표시해 봅시다.

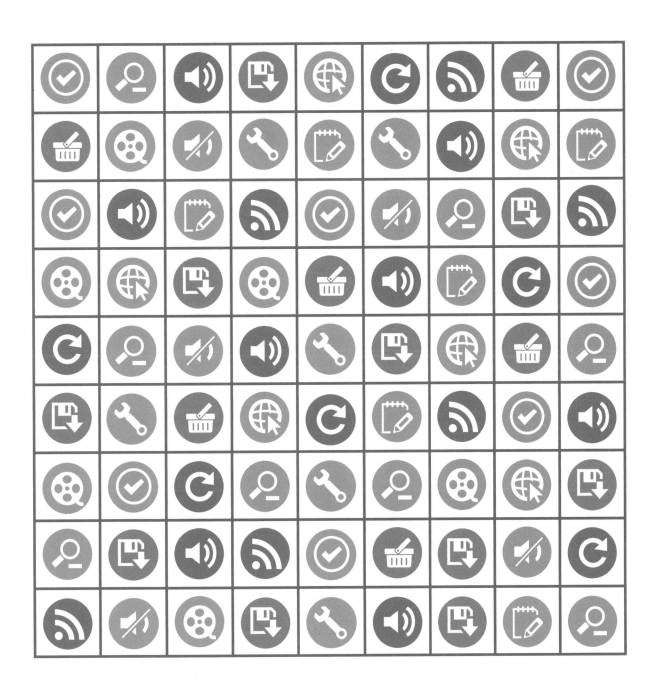

같은 짝 찾기

월   일
분류
위치와 모양 파악

'쿵~ 하면 짝!' 해야 신나고 재미있겠지요? 그런데 이를 어째! 짝을 찾지 못한 쿵이 1개 있네요.
어떤 그림이 짝을 찾지 못하고 혼자인지 동그라미로 표시해 봅시다.

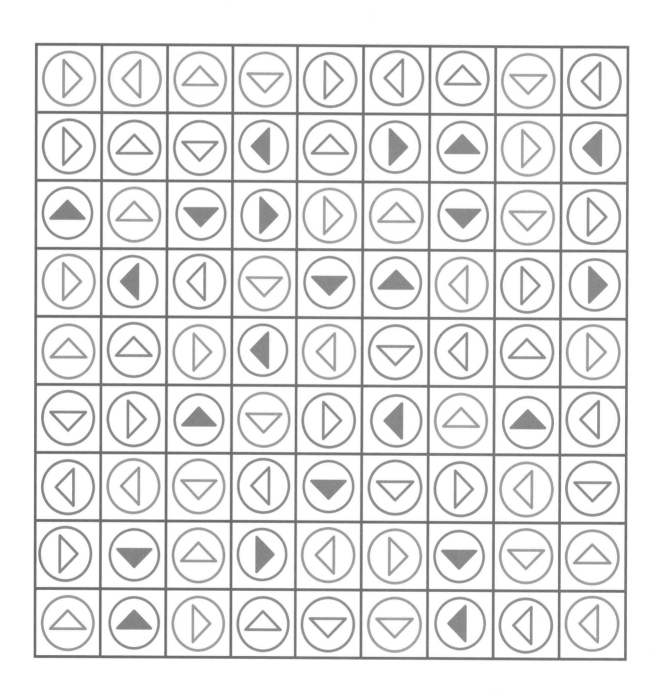

같은 짝 찾기

'쿵~ 하면 짝!' 해야 신나고 재미있겠지요? 그런데 이를 어째! 짝을 찾지 못한 쿵이 1개 있네요.
어떤 그림이 짝을 찾지 못하고 혼자인지 동그라미로 표시해 봅시다.

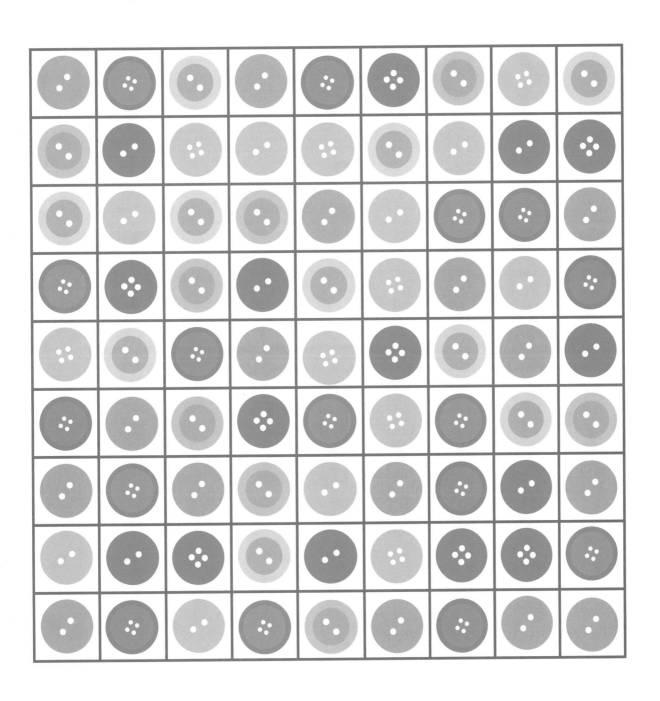

다른 글자&숫자 찾기

넓게 펼쳐진 종이 위에 같은 글자 혹은 같은 숫자가 무수히 들어 있습니다.
모두 같은 글자나 숫자처럼 보이겠지만, 그렇지 않습니다.
다른 것 5개를 찾아보세요.

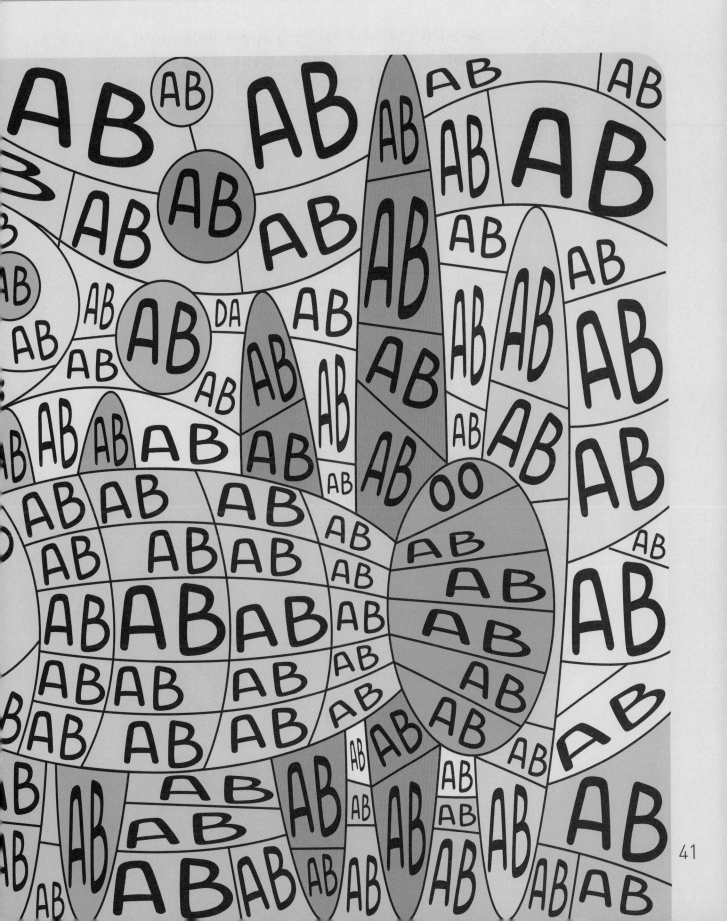

미로 찾기

아기가 달콤한 사탕이 먹고 싶어서 울고 있네요. 두고 온 사탕을 가져 오려는데, 복잡한 미로가 나타났어요. 아기가 길을 잘 선택해서 무사히 도착지까지 갈 수 있도록 도와주세요. 어, 길이 막혔나요? 걱정하지 마세요. 다시 천천히 길을 찾아보세요. 그럼 출발!

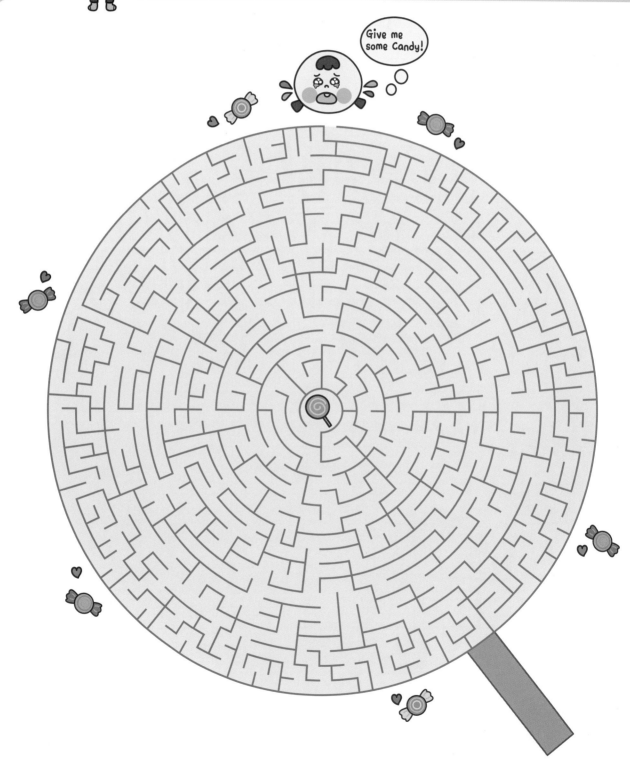

미로 찾기

엄마 오리가 아기 오리들을 찾아서 길을 떠납니다.
그런데 복잡한 미로가 앞에 있습니다. 엄마 오리가 길을 잘 선택해서
무사히 도착지까지 갈 수 있도록 도와주세요. 어, 길이 막혔나요?
걱정하지 마세요. 다시 천천히 길을 찾아보세요. 그럼 출발!

미로 찾기

토끼는 맛있는 당근을 생각만 해도 행복합니다. 당근을 찾으려고 복잡한 미로 앞에 섰습니다. 토끼가 길을 잘 선택해서 무사히 도착지까지 갈 수 있도록 도와주세요. 어, 길이 막혔나요?
걱정하지 마세요. 다시 천천히 길을 찾아보세요. 그럼 출발!

44

미로 찾기

예쁜 복슬강아지가 맛있는 밥을 먹으러 길을 떠납니다.
그런데 복잡한 미로가 있네요. 강아지가 길을 잘 선택해서 무사히
도착지까지 갈 수 있도록 도와주세요. 어, 길이 막혔나요?
걱정하지 마세요. 다시 천천히 길을 찾아보세요. 그럼 출발!

틀린 그림 찾기

틀린 그림 찾기는 누구나가 한 번 이상은 꼭 해 본 게임일 겁니다. 비슷한 그림이 위아래로 놓여 있습니다. 비교해 보면서 하나씩 틀린 그림을 찾아보세요. 틀린 곳은 모두 5곳입니다.

틀린 그림 찾기

틀린 그림 찾기는 누구나가 한 번 이상은 꼭 해 본 게임일 겁니다. 비슷한 그림이 위아래로 놓여 있습니다. 비교해 보면서 하나씩 틀린 그림을 찾아보세요. 틀린 곳은 모두 5곳입니다.

틀린 그림 찾기

월 일
집중력/비교
변화 파악

틀린 그림 찾기는 누구나가 한 번 이상은 꼭 해 본 게임일 겁니다. 비슷한 그림이 위아래로 놓여 있습니다. 비교해 보면서 하나씩 틀린 그림을 찾아보세요. 틀린 곳은 모두 5곳입니다.

틀린 그림 찾기

틀린 그림 찾기는 누구나가 한 번 이상은 꼭 해 본 게임일 겁니다. 비슷한 그림이 위아래로 놓여 있습니다. 비교해 보면서 하나씩 틀린 그림을 찾아보세요. 틀린 곳은 모두 5곳입니다.

다른 그림 찾기

다 똑같은 그림 아닌가요? 정말 그렇게 생각하세요?
자세히 보면 딱 하나만 다른 모양이나 색깔을 가지고 있습니다. 빨리
찾으려다 보면 더 헷갈립니다. 천천히 잘 들여다보세요.

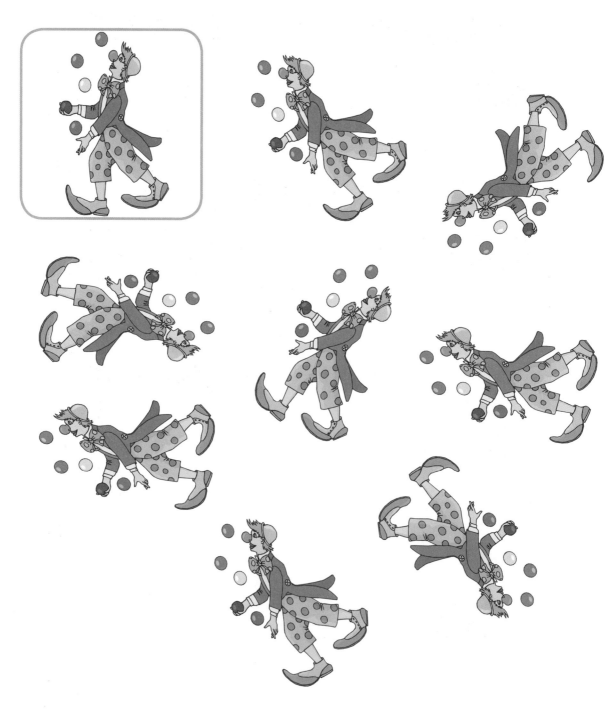

다른 그림 찾기

다 똑같은 그림 아닌가요? 정말 그렇게 생각하세요?
자세히 보면 딱 하나만 다른 모양이나 색깔을 가지고 있습니다. 빨리
찾으려다 보면 더 헷갈립니다. 천천히 잘 들여다보세요.

다른 그림 찾기

다 똑같은 그림 아닌가요? 정말 그렇게 생각하세요?
자세히 보면 딱 하나만 다른 모양이나 색깔을 가지고 있습니다. 빨리
찾으려다 보면 더 헷갈립니다. 천천히 잘 들여다보세요.

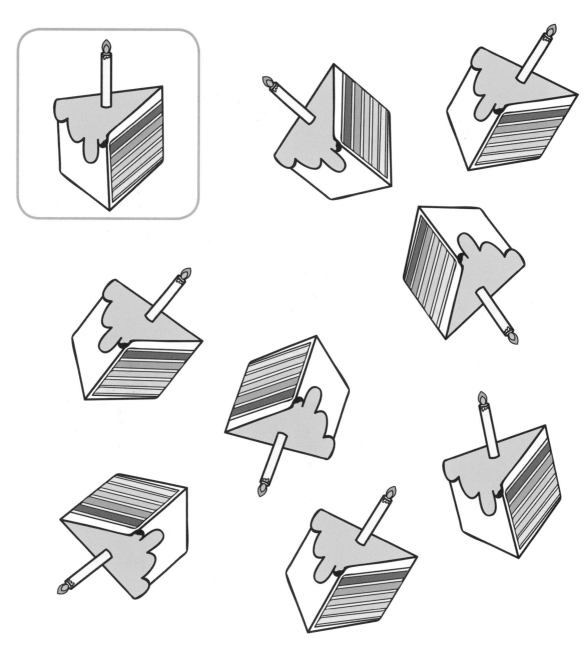

다른 그림 찾기

다 똑같은 그림 아닌가요? 정말 그렇게 생각하세요?
자세히 보면 딱 하나만 다른 모양이나 색깔을 가지고 있습니다. 빨리
찾으려다 보면 더 헷갈립니다. 천천히 잘 들여다보세요.

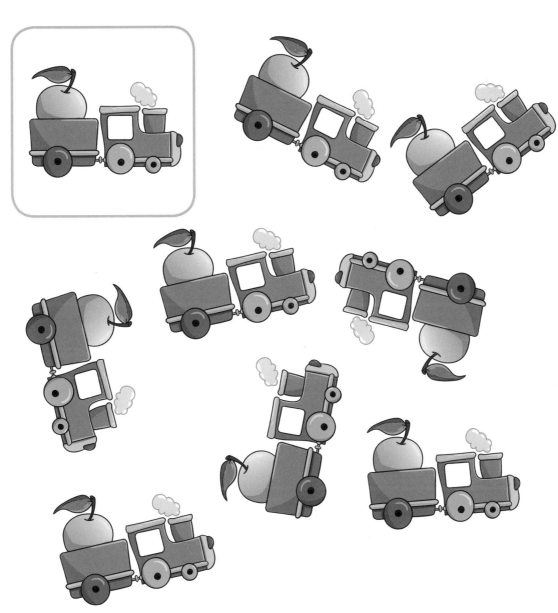

눈을 크게 뜨고 찾기

다 똑같은 그림이라고요? 맞습니다. 딱 하나만 빼고요.
이렇게 많은 그림 중에서 단 하나의 다른 그림을 찾아보세요. 다른 모습을 하고 있는 아이스크림은 어디에 있을까요?

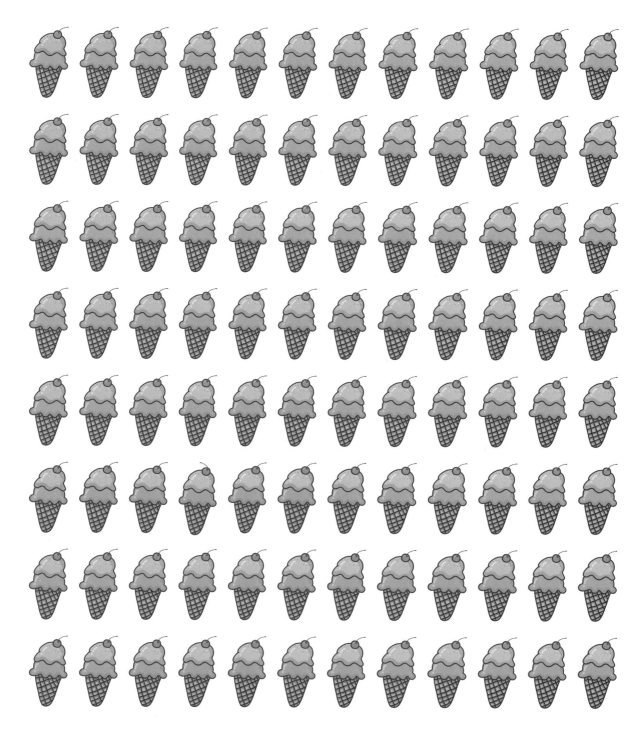

눈을 크게 뜨고 찾기

다 똑같은 그림이라고요? 맞습니다. 딱 하나만 빼고요.
이렇게 많은 그림 중에서 단 하나의 다른 그림을 찾아보세요. 다른 모
습을 하고 있는 토끼는 어디에 있을까요?

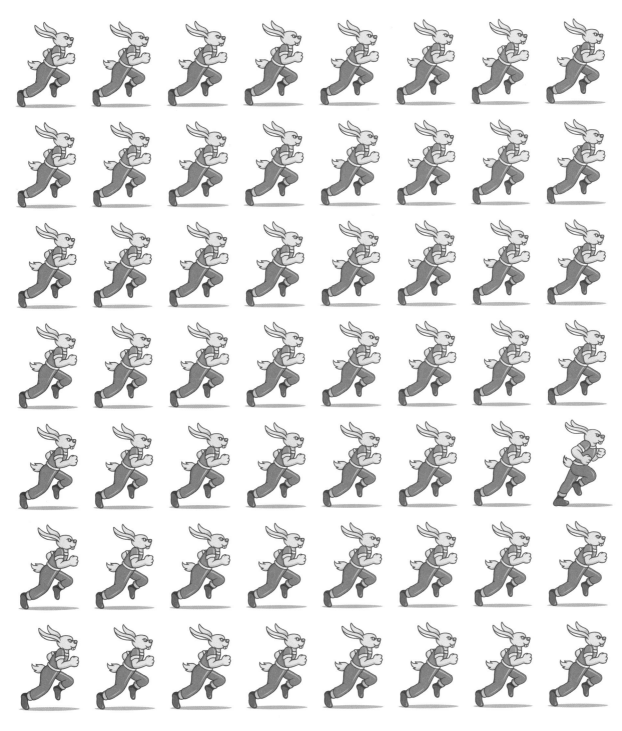

눈을 크게 뜨고 찾기

다 똑같은 그림이라고요? 맞습니다. 딱 하나만 빼고요.
이렇게 많은 그림 중에서 단 하나의 다른 그림을 찾아보세요. 다른 모
습을 하고 있는 펭귄은 어디에 있을까요?

눈을 크게 뜨고 찾기

다 똑같은 그림이라고요? 맞습니다. 딱 하나만 빼고요.
이렇게 많은 그림 중에서 단 하나의 다른 그림을 찾아보세요. 다른 모습을 하고 있는 하마는 어디에 있을까요?

같은 모양 찾기

세상에는 비슷한 모양의 것들이 많습니다. 하지만 자세히 보면 조금씩 다르다는 것을 알 수 있습니다. 어떤 것이 진짜 예시의 모양과 같은지 찾아보세요.

예: 정답   ,   ,   개

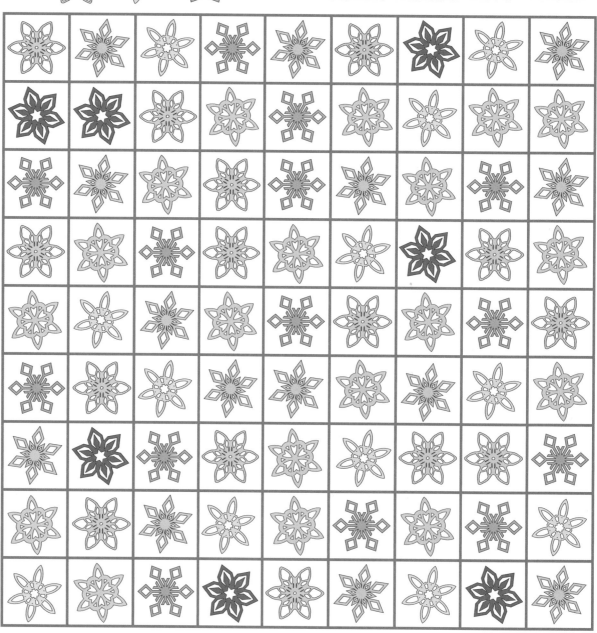

같은 모양 찾기

세상에는 비슷한 모양의 것들이 많습니다. 하지만 자세히 보면 조금씩 다르다는 것을 알 수 있습니다. 어떤 것이 진짜 예시의 모양과 같은지 찾아보세요.

예: 정답   ,   ,   개

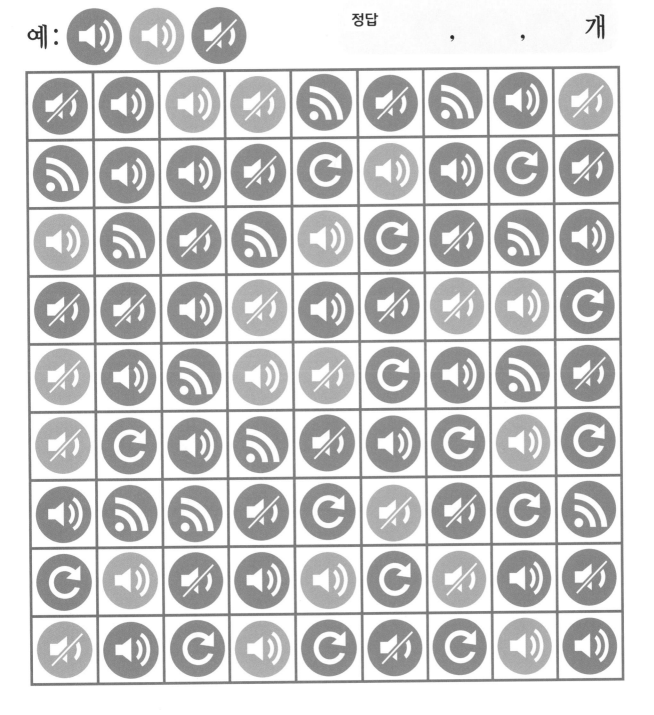

같은 모양 찾기

세상에는 비슷한 모양의 것들이 많습니다. 하지만 자세히 보면 조금씩 다르다는 것을 알 수 있습니다. 어떤 것이 진짜 예시의 모양과 같은지 찾아보세요.

예:

정답   ,   ,   개

같은 모양 찾기

세상에는 비슷한 모양의 것들이 많습니다. 하지만 자세히 보면 조금씩 다르다는 것을 알 수 있습니다. 어떤 것이 진짜 예시의 모양과 같은지 찾아보세요.

예:

정답 　 , 　 , 　 개

같은 짝 찾기

'쿵~ 하면 짝!' 해야 신나고 재미있겠지요? 그런데 이를 어째! 짝을
찾지 못한 쿵이 1개 있네요.
어떤 그림이 짝을 찾지 못하고 혼자인지 동그라미로 표시해 봅시다.

같은 짝 찾기

월   일
분류
위치와 모양 파악

제6일
문제
②

'쿵~ 하면 짝!' 해야 신나고 재미있겠지요? 그런데 이를 어째! 짝을
찾지 못한 쿵이 1개 있네요.
어떤 그림이 짝을 찾지 못하고 혼자인지 동그라미로 표시해 봅시다.

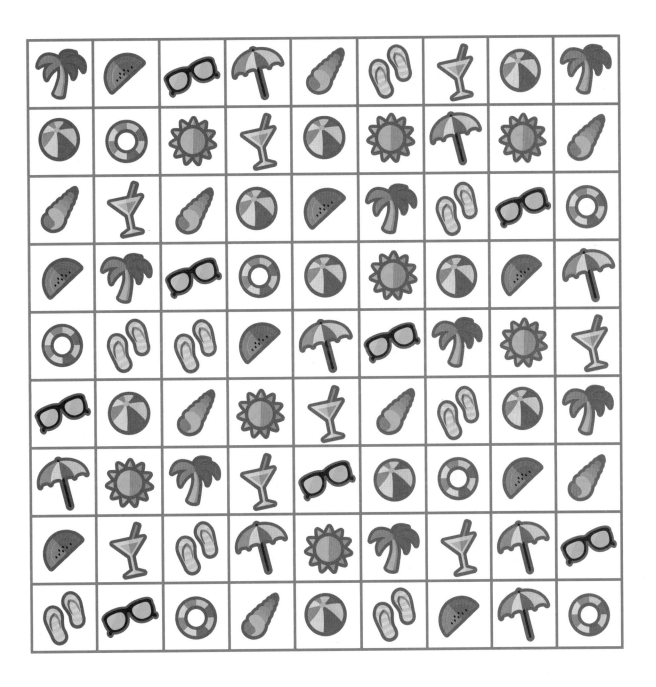

63

같은 짝 찾기

'쿵~ 하면 짝!' 해야 신나고 재미있겠지요? 그런데 이를 어째! 짝을
찾지 못한 쿵이 1개 있네요.
어떤 그림이 짝을 찾지 못하고 혼자인지 동그라미로 표시해 봅시다.

같은 짝 찾기

'쿵~ 하면 짝!' 해야 신나고 재미있겠지요? 그런데 이를 어째! 짝을
찾지 못한 쿵이 1개 있네요.
어떤 그림이 짝을 찾지 못하고 혼자인지 동그라미로 표시해 봅시다.

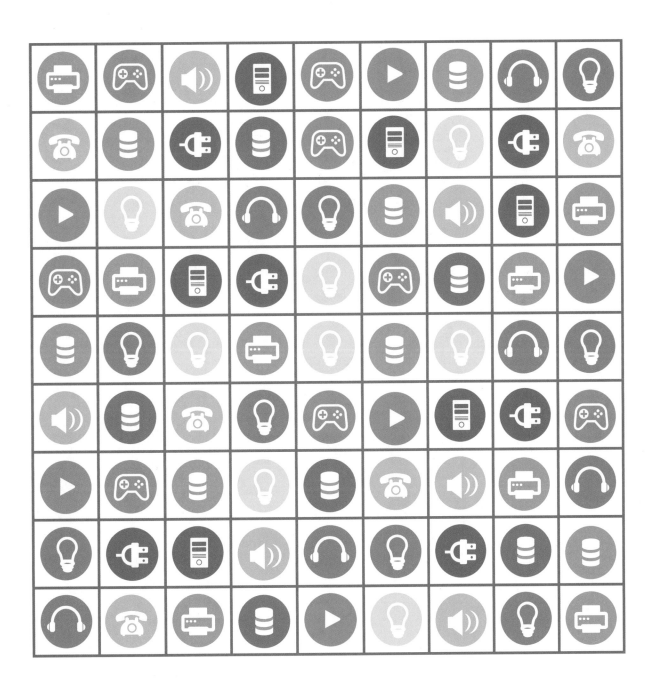

다른 글자&숫자 찾기

넓게 펼쳐진 종이 위에 같은 글자 혹은 같은 숫자가 무수히 들어 있습니다.
모두 같은 글자나 숫자처럼 보이겠지만, 그렇지 않습니다.
다른 것 5개를 찾아보세요.

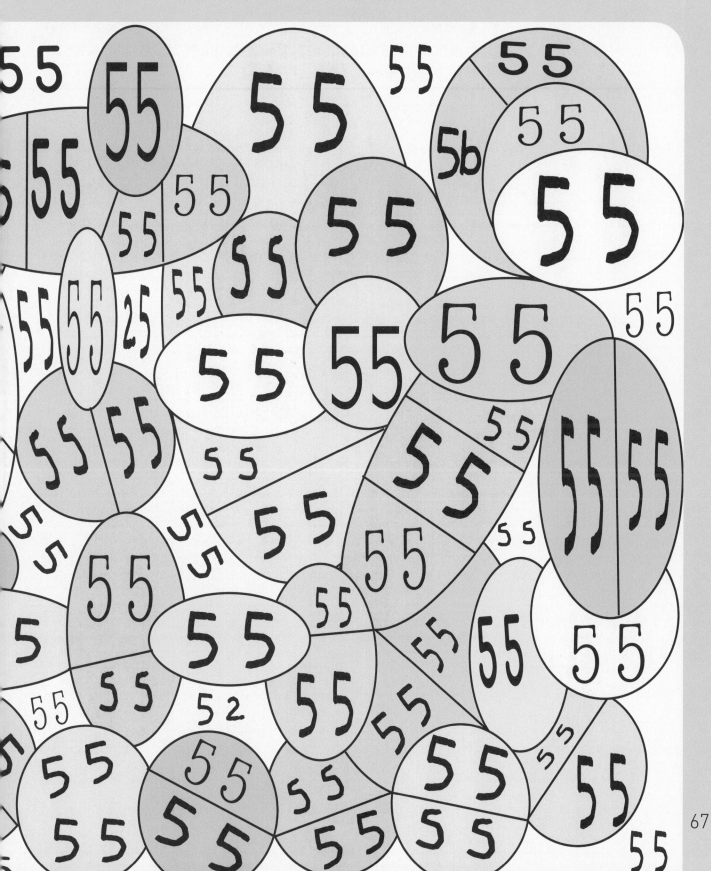

미로 찾기

맛있는 물고기를 찾아 고양이가 길을 떠납니다. 하지만 복잡한 미로를 통과해야 합니다. 고양이가 길을 잘 선택해서 무사히 도착지까지 갈 수 있도록 도와주세요. 어, 길이 막혔나요? 걱정하지 마세요. 다시 천천히 길을 찾아보세요. 그럼 출발!

미로 찾기

월 일
공간 파악
문제 해결

태양이 뜨거운 사막. 낙타가 오아시스를 찾다가 복잡한 미로를 만났습니다. 낙타가 길을 잘 선택해서 무사히 도착지까지 갈 수 있도록 도와주세요. 어, 길이 막혔나요? 걱정하지 마세요. 다시 천천히 길을 찾아보세요. 그럼 출발!

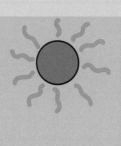

미로 찾기

다람쥐가 숨겨둔 도토리를 찾아서 길을 떠났는데, 복잡한 미로 앞에 도착했습니다. 다람쥐가 길을 잘 선택해서 무사히 도착지까지 갈 수 있도록 도와주세요. 어, 길이 막혔나요? 걱정하지 마세요. 다시 천천히 길을 찾아보세요. 그럼 출발!

미로 찾기

생쥐가 고소한 치즈 조각을 먹으려면 복잡한 미로를 통과해야 합니다. 생쥐가 길을 잘 선택해서 무사히 도착지까지 갈 수 있도록 도와주세요. 어, 길이 막혔나요? 걱정하지 마세요. 다시 천천히 길을 찾아보세요. 그럼 출발!

틀린 그림 찾기

월   일

집중력/비교
변화 파악

틀린 그림 찾기는 누구나가 한 번 이상은 꼭 해 본 게임일 겁니다. 비슷한 그림이 위아래로 놓여 있습니다. 비교해 보면서 하나씩 틀린 그림을 찾아보세요. 틀린 곳은 모두 5곳입니다.

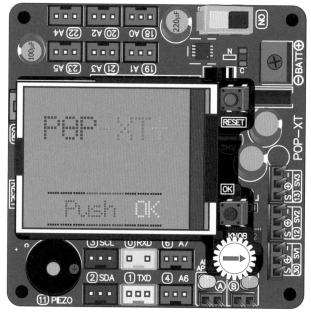

틀린 그림 찾기

틀린 그림 찾기는 누구나가 한 번 이상은 꼭 해 본 게임일 겁니다. 비슷한 그림이 위아래로 놓여 있습니다. 비교해 보면서 하나씩 틀린 그림을 찾아보세요. 틀린 곳은 모두 5곳입니다.

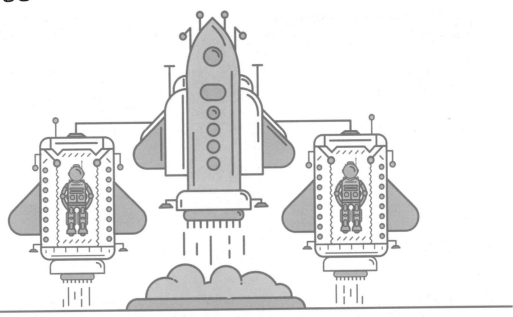

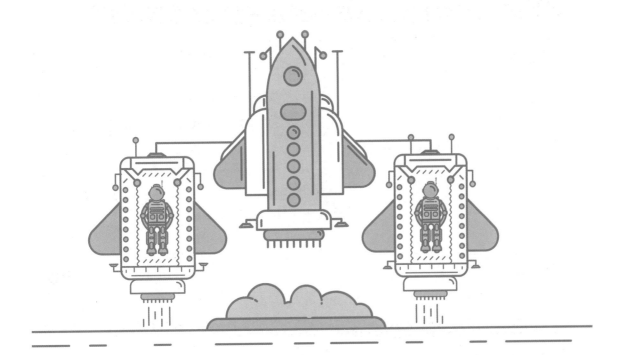

틀린 그림 찾기

틀린 그림 찾기는 누구나가 한 번 이상은 꼭 해 본 게임일 겁니다. 비슷한 그림이 위아래로 놓여 있습니다. 비교해 보면서 하나씩 틀린 그림을 찾아보세요. 틀린 곳은 모두 5곳입니다.

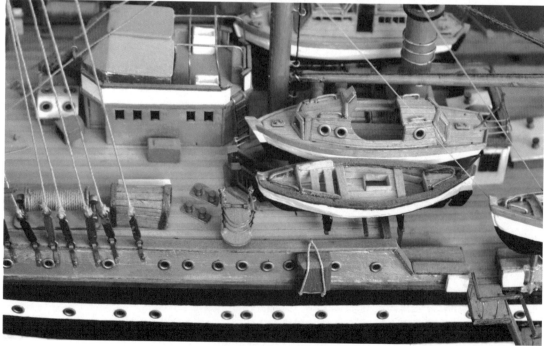

틀린 그림 찾기

틀린 그림 찾기는 누구나가 한 번 이상은 꼭 해 본 게임일 겁니다. 비슷한 그림이 위아래로 놓여 있습니다. 비교해 보면서 하나씩 틀린 그림을 찾아보세요. 틀린 곳은 모두 5곳입니다.

다른 그림 찾기

다 똑같은 그림 아닌가요? 정말 그렇게 생각하세요?
자세히 보면 딱 하나만 다른 모양이나 색깔을 가지고 있습니다. 빨리
찾으려다 보면 더 헷갈립니다. 천천히 잘 들여다보세요.

다른 그림 찾기

다 똑같은 그림 아닌가요? 정말 그렇게 생각하세요?
자세히 보면 딱 하나만 다른 모양이나 색깔을 가지고 있습니다. 빨리
찾으려다 보면 더 헷갈립니다. 천천히 잘 들여다보세요.

다른 그림 찾기

다 똑같은 그림 아닌가요? 정말 그렇게 생각하세요?
자세히 보면 딱 하나만 다른 모양이나 색깔을 가지고 있습니다. 빨리
찾으려다 보면 더 헷갈립니다. 천천히 잘 들여다보세요.

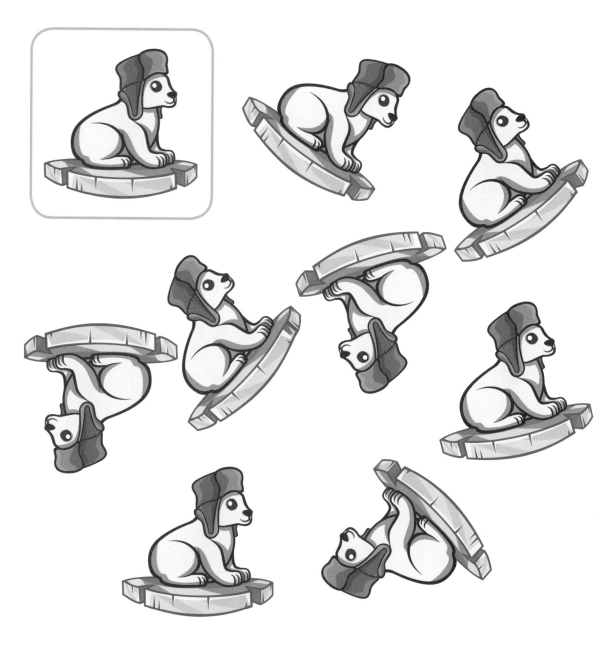

다른 그림 찾기

다 똑같은 그림 아닌가요? 정말 그렇게 생각하세요?
자세히 보면 딱 하나만 다른 모양이나 색깔을 가지고 있습니다. 빨리
찾으려다 보면 더 헷갈립니다. 천천히 잘 들여다보세요.

눈을 크게 뜨고 찾기

다 똑같은 그림이라고요? 맞습니다. 딱 하나만 빼고요.
이렇게 많은 그림 중에서 단 하나의 다른 그림을 찾아보세요. 다른 모
습을 하고 있는 얼굴은 어디에 있을까요?

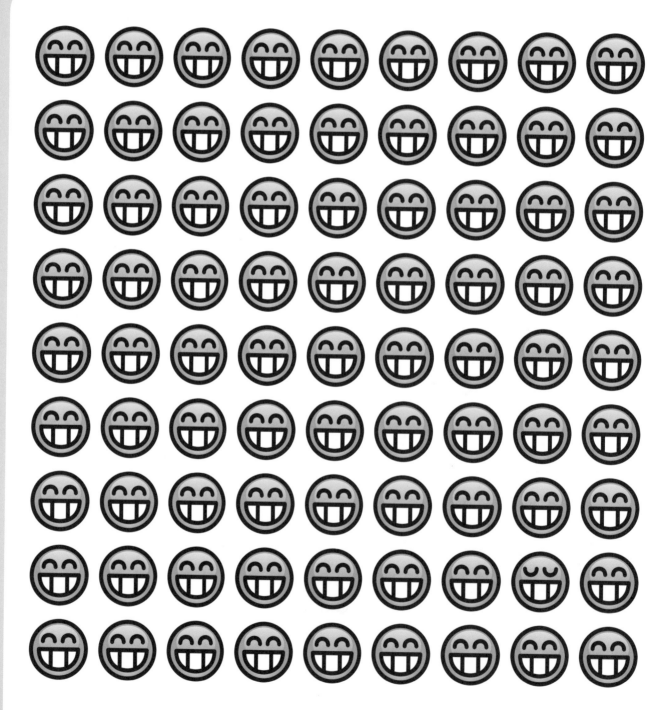

눈을 크게 뜨고 찾기

다 똑같은 그림이라고요? 맞습니다. 딱 하나만 빼고요.
이렇게 많은 그림 중에서 단 하나의 다른 그림을 찾아보세요. 다른 모
습을 하고 있는 바다코끼리는 어디에 있을까요?

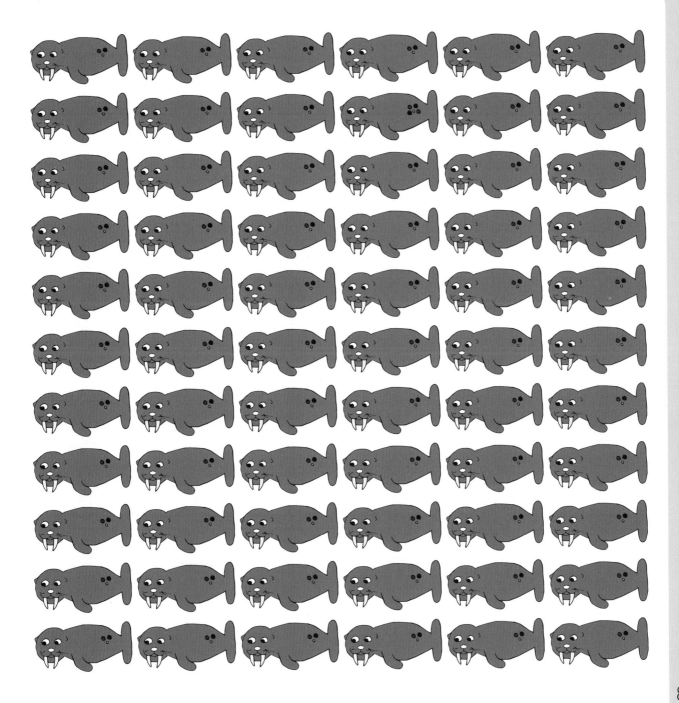

눈을 크게 뜨고 찾기

다 똑같은 그림이라고요? 맞습니다. 딱 하나만 빼고요.
이렇게 많은 그림 중에서 단 하나의 다른 그림을 찾아보세요. 다른 모습을 하고 있는 호랑이는 어디에 있을까요?

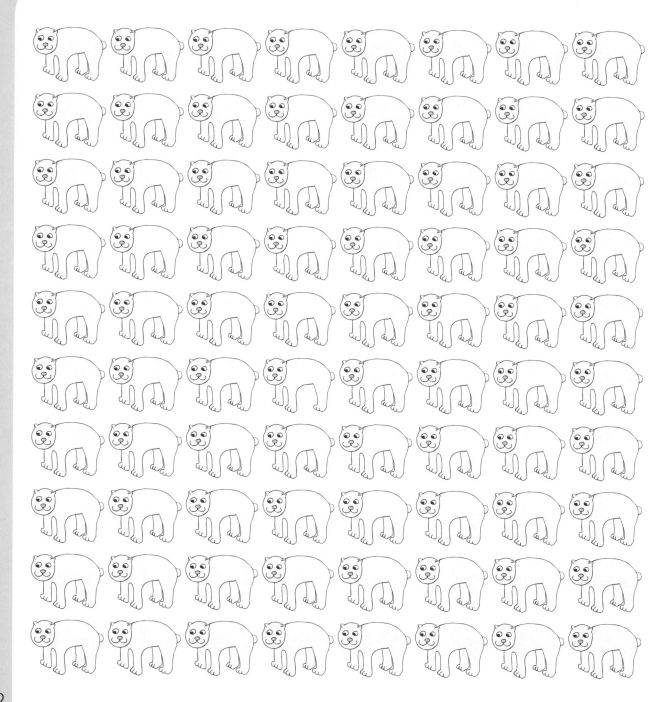

제4일 문제④ ▶ 눈을 크게 뜨고 찾기

다 똑같은 그림이라고요? 맞습니다. 딱 하나만 빼고요.
이렇게 많은 그림 중에서 단 하나의 다른 그림을 찾아보세요. 다른 모습을 하고 있는 얼룩소는 어디에 있을까요?

같은 모양 찾기

세상에는 비슷한 모양의 것들이 많습니다. 하지만 자세히 보면 조금씩 다르다는 것을 알 수 있습니다. 어떤 것이 진짜 예시의 모양과 같은지 찾아보세요.

예: 정답   ,   ,   개

같은 모양 찾기

세상에는 비슷한 모양의 것들이 많습니다. 하지만 자세히 보면 조금씩 다르다는 것을 알 수 있습니다. 어떤 것이 진짜 예시의 모양과 같은지 찾아보세요.

예:

정답 　　　 ,　　　 ,　　　 개

같은 모양 찾기

세상에는 비슷한 모양의 것들이 많습니다. 하지만 자세히 보면 조금씩 다르다는 것을 알 수 있습니다. 어떤 것이 진짜 예시의 모양과 같은지 찾아보세요.

예:

정답   ,   ,   개

같은 모양 찾기

세상에는 비슷한 모양의 것들이 많습니다. 하지만 자세히 보면 조금씩 다르다는 것을 알 수 있습니다. 어떤 것이 진짜 예시의 모양과 같은지 찾아보세요.

예:

정답 　　　 , 　　 , 　　 개

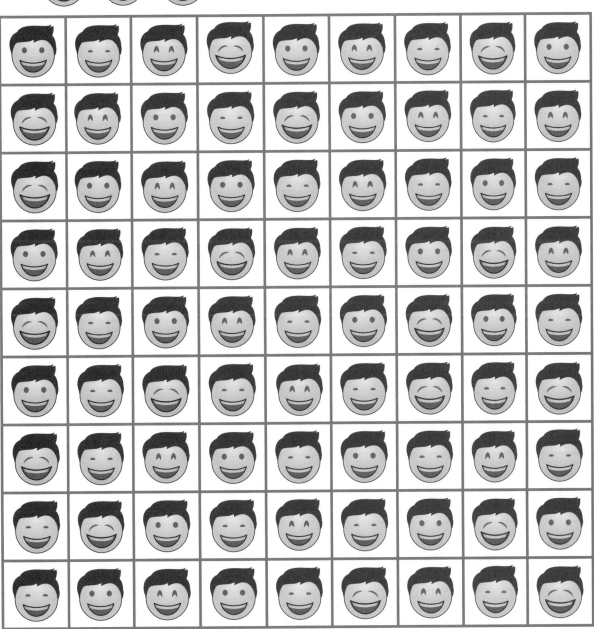

같은 짝 찾기

'쿵~ 하면 짝!' 해야 신나고 재미있겠지요? 그런데 이를 어째! 짝을 찾지 못한 쿵이 1개 있네요.
어떤 그림이 짝을 찾지 못하고 혼자인지 동그라미로 표시해 봅시다.

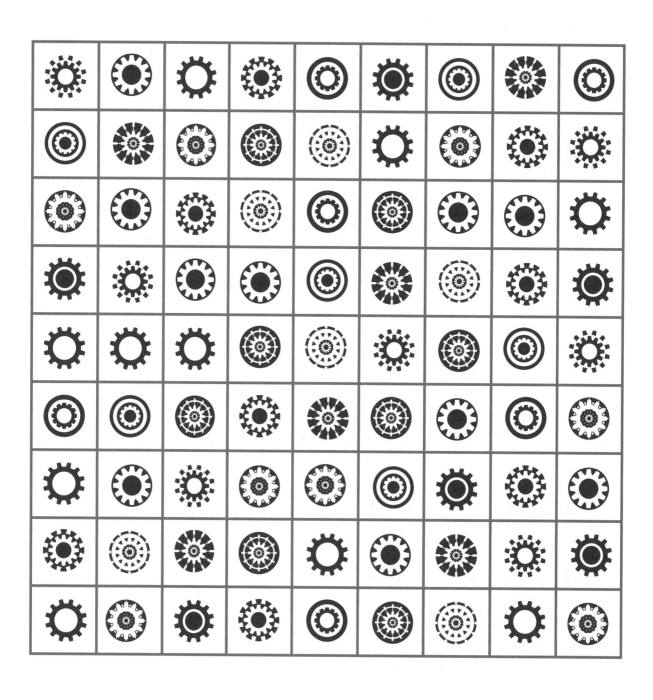

같은 짝 찾기

'쿵~ 하면 짝!' 해야 신나고 재미있겠지요? 그런데 이를 어째! 짝을 찾지 못한 쿵이 1개 있네요.
어떤 그림이 짝을 찾지 못하고 혼자인지 동그라미로 표시해 봅시다.

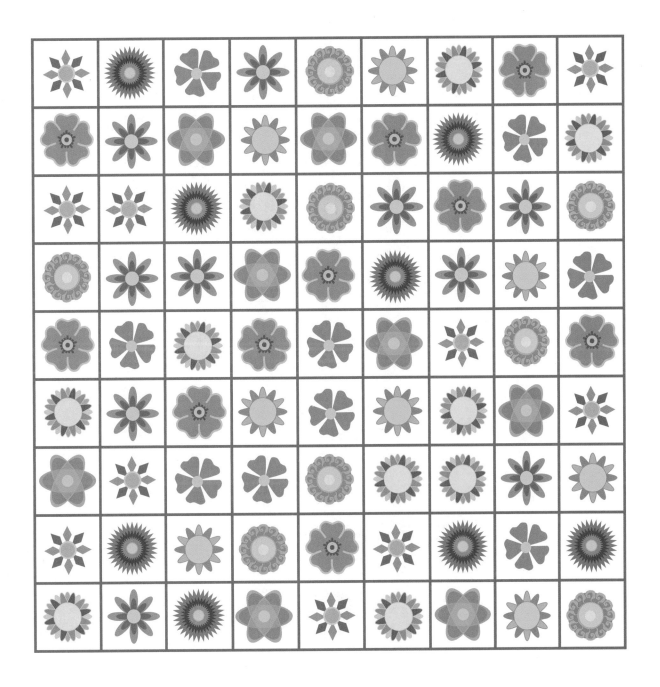

같은 짝 찾기

'쿵~ 하면 짝!' 해야 신나고 재미있겠지요? 그런데 이를 어째! 짝을
찾지 못한 쿵이 1개 있네요.
어떤 그림이 짝을 찾지 못하고 혼자인지 동그라미로 표시해 봅시다.

같은 짝 찾기

'쿵~ 하면 짝!' 해야 신나고 재미있겠지요? 그런데 이를 어째! 짝을
찾지 못한 쿵이 1개 있네요.
어떤 그림이 짝을 찾지 못하고 혼자인지 동그라미로 표시해 봅시다.

넓게 펼쳐진 종이 위에 같은 글자 혹은 같은 숫자가 무수히 들어 있습니다.
모두 같은 글자나 숫자처럼 보이겠지만, 그렇지 않습니다.
다른 것 5개를 찾아보세요.

원숭이가 맛있는 과일을 찾아서 길을 떠납니다. 그런데 복잡한 미로가 앞에 있습니다. 원숭이가 길을 잘 선택해서 무사히 도착지까지 갈 수 있도록 도와주세요. 어, 길이 막혔나요? 걱정하지 마세요. 다시 천천히 길을 찾아보세요. 그럼 출발!

제 1 일
문제
②

미로 찾기

월   일
공간 파악
문제 해결

두뇌요정이 복잡한 미로를 통과해서 집으로 돌아가려고 합니다. 두뇌요정이 길을 잘 선택해서 무사히 도착지까지 갈 수 있도록 도와주세요. 어, 길이 막혔나요? 걱정하지 마세요. 다시 천천히 길을 찾아보세요. 그럼 출발!

95

미로 찾기

판다가 대나무 밭에서 기다리는 여자친구를 만나러 갑니다. 그런데 복잡한 미로가 앞에 있습니다. 팬더가 길을 잘 선택해서 무사히 도착지까지 갈 수 있도록 도와주세요. 어, 길이 막혔나요? 걱정하지 마세요. 다시 천천히 길을 찾아보세요. 그럼 출발!

미로 찾기

햄스터가 맛있는 해바라기 씨를 찾아서 길을 떠납니다. 그런데 복잡한 미로가 앞에 있네요. 햄스터가 길을 잘 선택해서 무사히 도착지까지 갈 수 있도록 도와주세요. 어, 길이 막혔나요? 걱정하지 마세요. 다시 천천히 길을 찾아보세요. 그럼 출발!

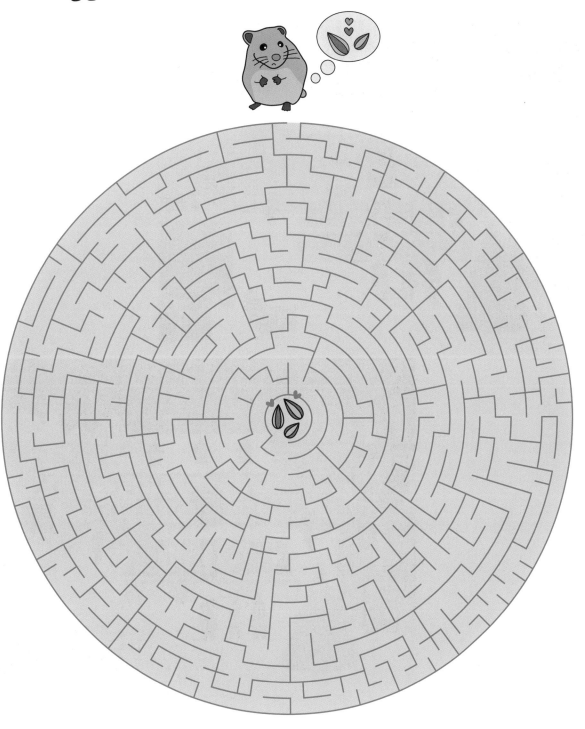

틀린 그림 찾기

틀린 그림 찾기는 누구나가 한 번 이상은 꼭 해 본 게임일 겁니다. 비슷한 그림이 위아래로 놓여 있습니다. 비교해 보면서 하나씩 틀린 그림을 찾아보세요. 틀린 곳은 모두 5곳입니다.

틀린 그림 찾기

틀린 그림 찾기는 누구나가 한 번 이상은 꼭 해 본 게임일 겁니다. 비슷한 그림이 위아래로 놓여 있습니다. 비교해 보면서 하나씩 틀린 그림을 찾아보세요. 틀린 곳은 모두 5곳입니다.

틀린 그림 찾기

틀린 그림 찾기는 누구나가 한 번 이상은 꼭 해 본 게임일 겁니다. 비슷한 그림이 위아래로 놓여 있습니다. 비교해 보면서 하나씩 틀린 그림을 찾아보세요. 틀린 곳은 모두 5곳입니다.

틀린 그림 찾기

틀린 그림 찾기는 누구나가 한 번 이상은 꼭 해 본 게임일 겁니다. 비슷한 그림이 위아래로 놓여 있습니다. 비교해 보면서 하나씩 틀린 그림을 찾아보세요. 틀린 곳은 모두 5곳입니다.

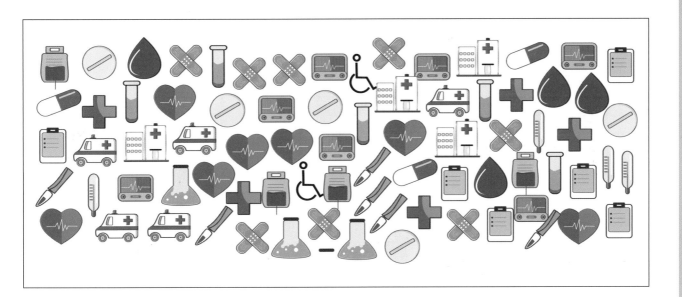

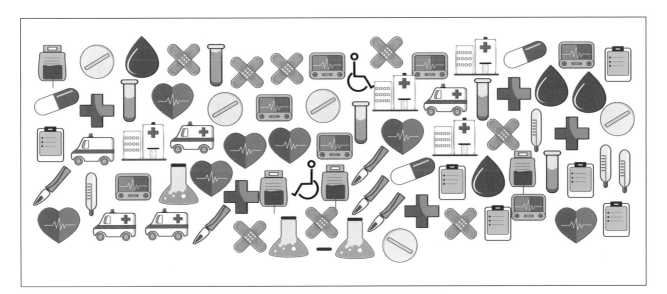

다른 그림 찾기

월 일
비교
주의 집중

다 똑같은 그림 아닌가요? 정말 그렇게 생각하세요?
자세히 보면 딱 하나만 다른 모양이나 색깔을 가지고 있습니다. 빨리
찾으려다 보면 더 헷갈립니다. 천천히 잘 들여다보세요.

다른 그림 찾기

다 똑같은 그림 아닌가요? 정말 그렇게 생각하세요?
자세히 보면 딱 하나만 다른 모양이나 색깔을 가지고 있습니다. 빨리
찾으려다 보면 더 헷갈립니다. 천천히 잘 들여다보세요.

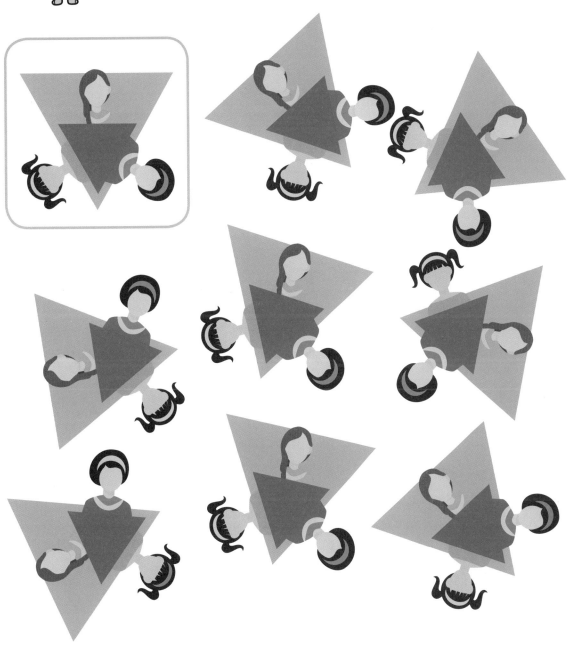

다른 그림 찾기

다 똑같은 그림 아닌가요? 정말 그렇게 생각하세요?
자세히 보면 딱 하나만 다른 모양이나 색깔을 가지고 있습니다. 빨리
찾으려다 보면 더 헷갈립니다. 천천히 잘 들여다보세요.

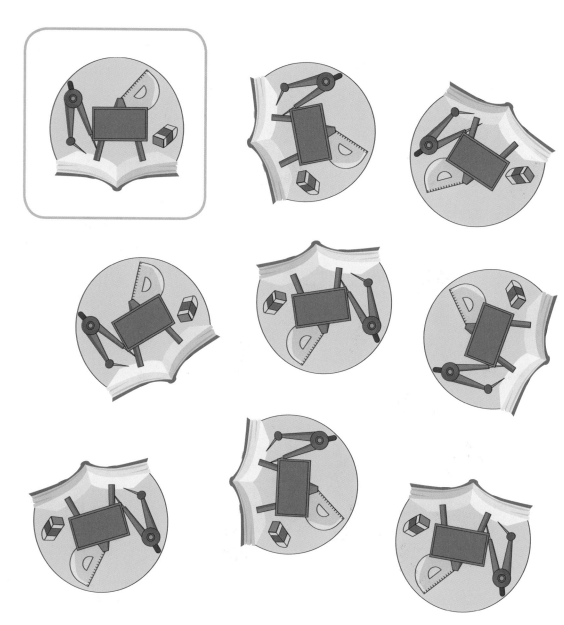

다른 그림 찾기

월 일
비교
주의 집중

다 똑같은 그림 아닌가요? 정말 그렇게 생각하세요?
자세히 보면 딱 하나만 다른 모양이나 색깔을 가지고 있습니다. 빨리
찾으려다 보면 더 헷갈립니다. 천천히 잘 들여다보세요.

눈을 크게 뜨고 찾기

다 똑같은 그림이라고요? 맞습니다. 딱 하나만 빼고요.
이렇게 많은 그림 중에서 단 하나의 다른 그림을 찾아보세요. 다른 모
양을 하고 있는 비치볼은 어디에 있을까요?

눈을 크게 뜨고 찾기

다 똑같은 그림이라고요? 맞습니다. 딱 하나만 빼고요.
이렇게 많은 그림 중에서 단 하나의 다른 그림을 찾아보세요. 다른 모
습을 하고 있는 그림은 어디에 있을까요?

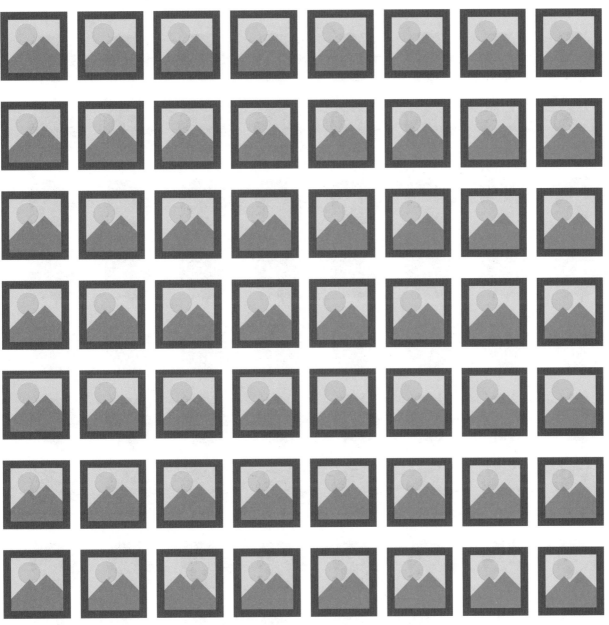

107

눈을 크게 뜨고 찾기

다 똑같은 그림이라고요? 맞습니다. 딱 하나만 빼고요. 이렇게 많은 그림 중에서 단 하나의 다른 그림을 찾아보세요. 다른 모습을 하고 있는 무당벌레는 어디에 있을까요?

눈을 크게 뜨고 찾기

다 똑같은 그림이라고요? 맞습니다. 딱 하나만 빼고요.
이렇게 많은 그림 중에서 단 하나의 다른 그림을 찾아보세요. 다른 모
습을 하고 있는 라마는 어디에 있을까요?

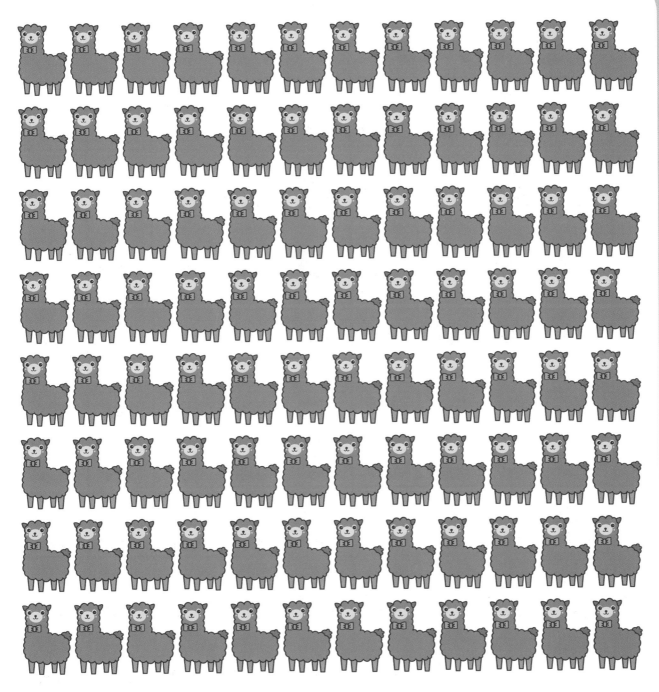

같은 모양 찾기

월   일

비교
산수

세상에는 비슷한 모양의 것들이 많습니다. 하지만 자세히 보면 조금씩 다르다는 것을 알 수 있습니다. 어떤 것이 진짜 예시의 모양과 같은지 찾아보세요.

예:

정답 　　　，　　　，　　　 개

110

같은 모양 찾기

세상에는 비슷한 모양의 것들이 많습니다. 하지만 자세히 보면 조금
씩 다르다는 것을 알 수 있습니다. 어떤 것이 진짜 예시의 모양과 같
은지 찾아보세요.

예:

정답   ,   ,   개

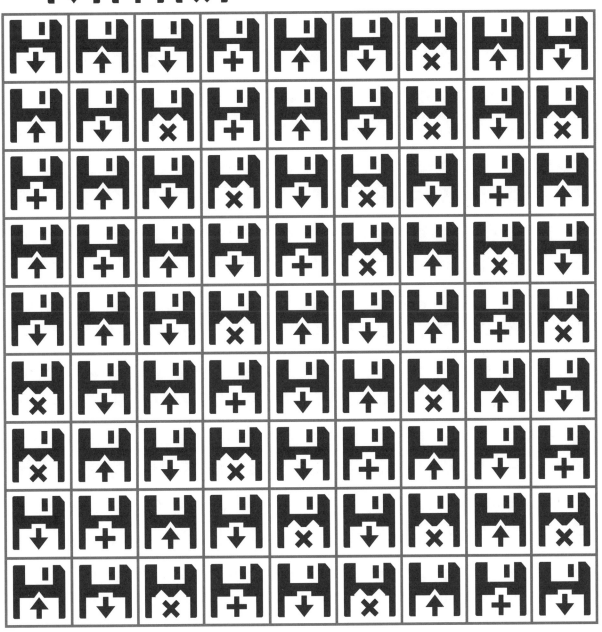

같은 모양 찾기

세상에는 비슷한 모양의 것들이 많습니다. 하지만 자세히 보면 조금씩 다르다는 것을 알 수 있습니다. 어떤 것이 진짜 예시의 모양과 같은지 찾아보세요.

예:

정답   ,   ,   개

같은 모양 찾기

세상에는 비슷한 모양의 것들이 많습니다. 하지만 자세히 보면 조금씩 다르다는 것을 알 수 있습니다. 어떤 것이 진짜 예시의 모양과 같은지 찾아보세요.

예: 정답 _____ , _____ , _____ 개

같은 짝 찾기

'쿵~ 하면 짝!' 해야 신나고 재미있겠지요? 그런데 이를 어째! 짝을 찾지 못한 쿵이 1개 있네요.

어떤 그림이 짝을 찾지 못하고 혼자인지 동그라미로 표시해 봅시다.

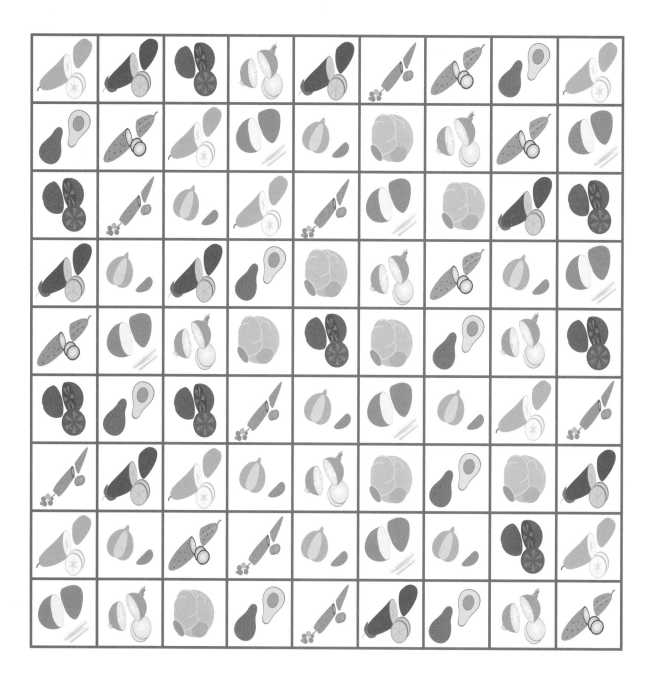

같은 짝 찾기

'쿵~ 하면 짝!' 해야 신나고 재미있겠지요? 그런데 이를 어째! 짝을
찾지 못한 쿵이 1개 있네요.
어떤 그림이 짝을 찾지 못하고 혼자인지 동그라미로 표시해 봅시다.

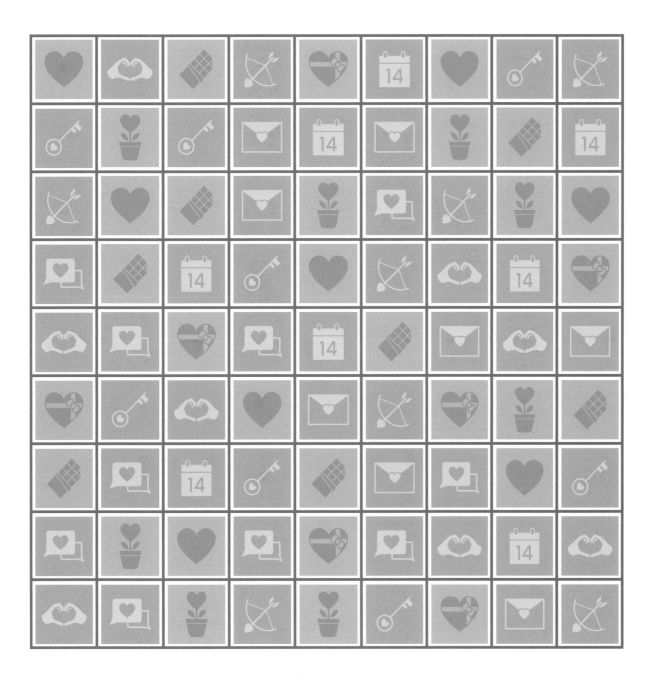

같은 짝 찾기

'쿵~ 하면 짝!' 해야 신나고 재미있겠지요? 그런데 이를 어째! 짝을 찾지 못한 쿵이 1개 있네요.
어떤 그림이 짝을 찾지 못하고 혼자인지 동그라미로 표시해 봅시다.

같은 짝 찾기

'쿵~ 하면 짝!' 해야 신나고 재미있겠지요? 그런데 이를 어째! 짝을
찾지 못한 쿵이 1개 있네요.
어떤 그림이 짝을 찾지 못하고 혼자인지 동그라미로 표시해 봅시다.

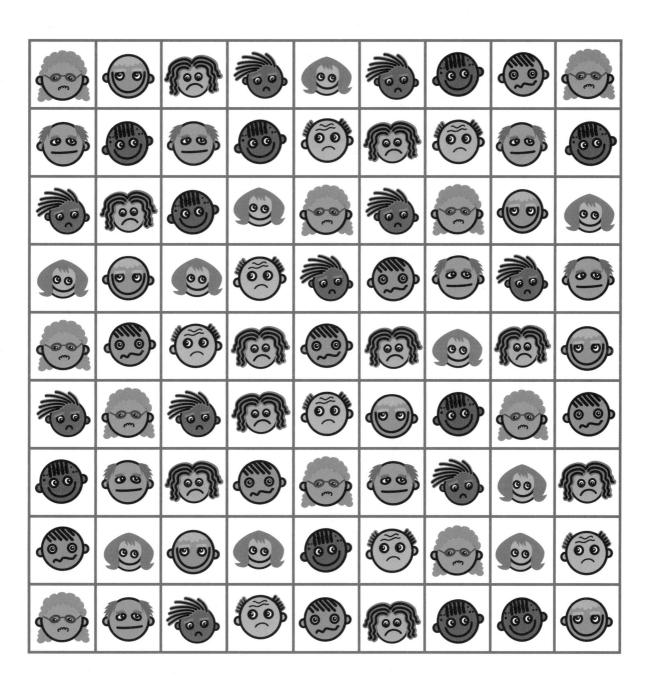

다른 글자&숫자 찾기

넓게 펼쳐진 종이 위에 같은 글자 혹은 같은 숫자가 무수히 들어 있습니다.
모두 같은 글자나 숫자처럼 보이겠지만, 그렇지 않습니다.
다른 것 5개를 찾아보세요.

미로 찾기

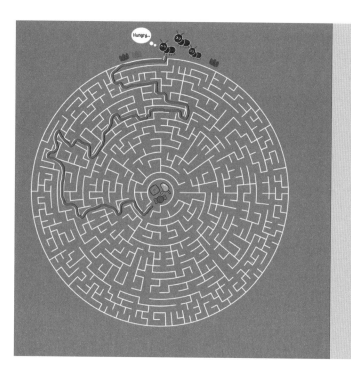

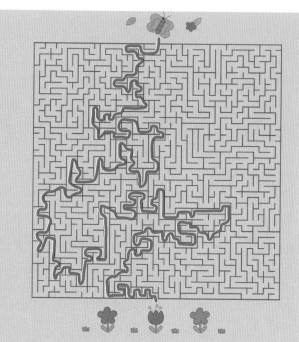

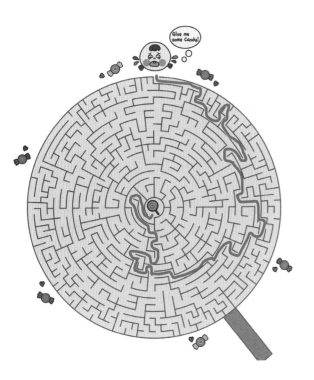

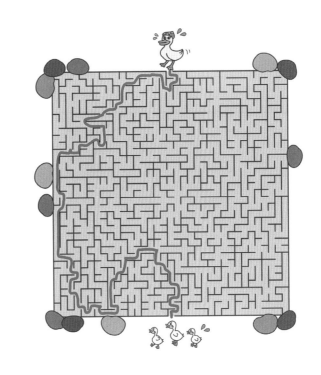

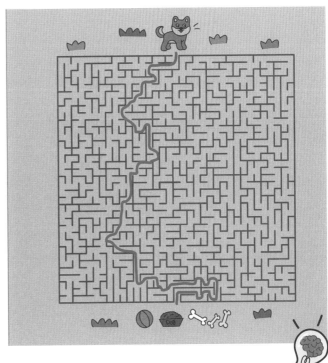

미로 찾기

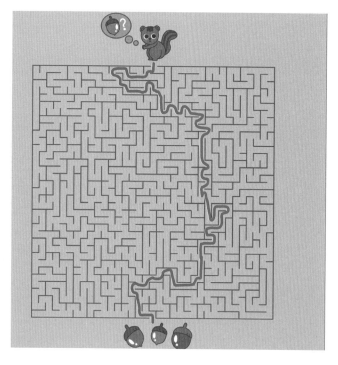

틀린 그림 찾기

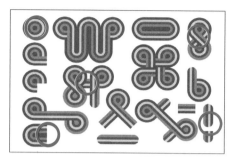

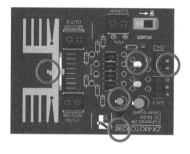

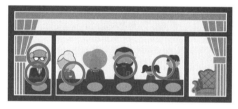

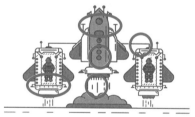
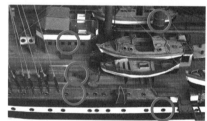

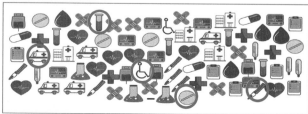

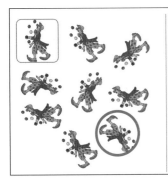

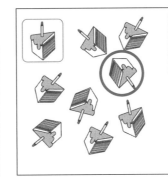

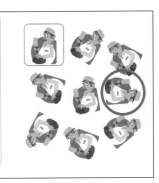

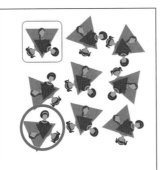
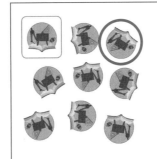
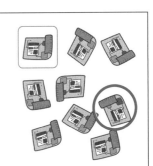

정답

틀린 그림 찾기

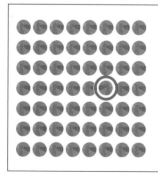

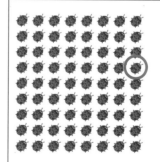

다른 글자&숫자 찾기

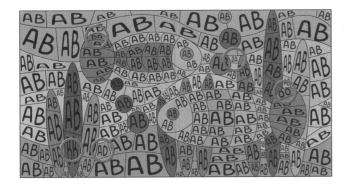

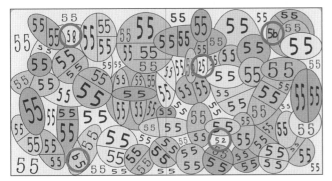

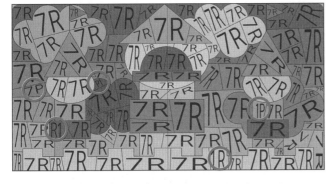

같은 모양 찾기

같은 짝 찾기